文化创意产品设计开发研究

吕天娥◎著

文化发展出版社
Cultural Development Press
·北京·

图书在版编目（CIP）数据

文化创意产品设计开发研究 / 吕天娥著 . — 北京 ：文化发展出版社，2023.12
ISBN 978-7-5142-4222-5

Ⅰ . ①文… Ⅱ . ①吕… Ⅲ . ①文化产品－产品设计－研究－中国 Ⅳ . ① G124

中国国家版本馆 CIP 数据核字 (2024) 第 016014 号

文化创意产品设计开发研究

吕天娥 著

出 版 人：宋 娜
责任编辑：任秀颖　　责任校对：侯 娜
责任印制：邓辉明　　封面设计：守正文化
出版发行：文化发展出版社（北京市翠微路 2 号 邮编：100036）
网　　址：www.wenhuafazhan.com
经　　销：全国新华书店
印　　刷：天津和萱印刷有限公司

开　　本：710mm×1000mm 1/16
字　　数：200 千字
印　　张：11.75
版　　次：2024 年 3 月第 1 版
印　　次：2024 年 3 月第 1 次印刷

定　　价：72.00 元
I S B N：978-7-5142-4222-5

◆ 如有印装质量问题，请电话联系：010-58484999

作者简介

吕天娥　女，毕业于中南林业科技大学产品设计专业，硕士研究生，现任职于淮阴工学院设计艺术学院，副教授，新西兰奥克兰大学访问学者。研究方向：产品开发设计、地方文化研究。成果：本人为中国家具协会会员。曾完成多项家具开发和室内设计项目。历任环境艺术设计专业、家具设计专业、产品设计专业教师。多篇论文及设计和绘画作品先后发表于《包装工程》《装饰》《文艺争鸣》等核心期刊。主持并完成 5 项市厅级课题项目，取得 3 项实用新型专利、6 项产品外观专利、1 项发明专利、33 项软件著作权。多次指导学生在国家级竞赛中获得奖项。

前　言

今天，世界发达国家与部分发展中国家已经进入后工业化时代，民众的生活质量也相对提高了。我们对于“物”的诉求重点已由功能需求向情感体验过渡。因此，“文化艺术成果产出机制”势必面临着工业化改造。“文化工业”“文化产业”“创意产业”“文化创意产业”等概念在此背景下孕育而生。

目前，我国社会的主要矛盾已经由“人民日益增长的物质文化需要同落后的社会生产之间的矛盾”转化为“人民日益增长的美好生活需要和不平衡不充分的发展之间的矛盾”。人们在物质需求得到满足后，精神文化需求越发迫切，这也是我国文化创意产业大发展的根本原因与时代特征。

文化创意产品开发重在挖掘特定区域（对象）内典型自然、历史、文化资源，深入分析当地经济发展路径、生产要素类型、加工特色、生产规模、旅游类型、游客及消费需求等因素，并连接当地文化资源，激发当地生产加工能力，促进当地文化形象典型化传播，服务当地经济发展。

本书共六章，对文化创意产品设计开发进行了深入研究。其中第一章的主要内容为文化创意产品的基础认知，具体包括文化创意产品的定义、文化创意产品设计理论、文化创意产品的特征与设计方法、文化创意产品设计的构成要素与创意表现；第二章的主要内容为文化创意产品的设计类型，详细介绍了源于传统文化的文创产品设计、博物馆的文创产品设计、有 IP 引导的文创产品设计、文旅融合下的旅游文创产品设计；第三章的主要内容为我国传统文化资源的创意转化，具体论述了认识创造性转化、创新性发展，我国历史文化中的创意资源及转化，我国民俗文化中的创意资源及转化，我国非物质文化遗产资源中的创意资源及转化；第四章的主要内容为博物馆文化创意产品设计策略，详细论述了博物馆文化创意产品的设计原则、博物馆文化创意产品的设计方法、博物馆文化创意产品的设计流程；第五章的主要内容为文创产品品牌设计开发，具体包括企业形象识别系统的基本构成、相关品牌案例特征分析；第六章的主要内容为现代艺术设计推动文化创意产业发展，详细介绍了我国现代文化创意产业的发展与价值、现代艺术设计与文化创意产业的融合、我国现代艺术设计与文化创意产业的发展与展望。

在撰写本书的过程中，作者得到了许多专家学者的帮助和指导，参考了大量的学术文献，在此表示真诚的感谢。本书内容系统全面，论述条理清晰、深入浅出，但由于作者水平有限，书中难免会有疏漏之处，希望广大同行及时指正。

吕天娥

2023 年 5 月

目　　录

第一章　文化创意产品设计的基础认知

本章的主要内容为文化创意产品的基础认知，具体包括文化创意产品的定义、文化创意产品设计理论、文化创意产品的特征与设计方法、文化创意产品设计的构成要素与创意表现。

第一节　文化创意产品的定义

一、文化创意产品

文化创意产品（文创产品）是指文化创意产业中产出的任何制品或制品的组合。从产品的最终形态来看，文创产品包含两个相互依存的部分：文化创意内容和载体。

目前，我国的文创产品开发还处于初级阶段，文创产品涉及的广度和深度仍有很大的提升空间，市场前景广阔。但是，进行文创产品开发前一定要注意其所包含的两个相互依存的部分，以及它的开发特点。

在提出文创产品的概念以前，文创产品大多对应的是工艺产品和旅游纪念品。工艺产品的重点在于体现工艺的特点，旅游纪念品则重点体现地域的特点。实际上，旅游纪念品一般会成为游客“到此一游”的证明。

许多人到了景德镇往往会买套瓷器，甚至会有人为购买一套正宗的青花瓷茶具专程来到景德镇。这里的陶瓷产品既是一种工艺产品，同时也因为景德镇的“千年瓷都”地位，成为具有地域代表性的旅游纪念品。然而，大部分购买者不会去追究在景德镇购买的瓷器是否产自景德镇，这些瓷器也仅仅因地域本身而被赋予特定的意义，唯一的证明只剩下瓷器底部的“中国景德镇”五个大字。

因此，当文创产品的概念出现之后，文创产品所区别于工艺产品、旅游纪念品和一般产品的文化创意内容就是它的附加价值。例如，景德镇瓷器传统制瓷的古方古法和匠人之心就是它的文化内容，再融入令人耳目一新的创意，便能使其焕发新的生机。

但是，文化创意内容无法独立存在，必须依靠载体而存在，而这个载体就是产品。因此，在进行文创产品设计前，必须先明确产品的概念。

（一）产品的概念

产品到底是什么？对于这个问题设计师和消费者好像都很熟悉了，然而产品的概念和范围一直在变化并不断扩大。例如，随着时代的变迁，人们的生活方式也发生翻天覆地的变化，旧的产品不足以满足人们的需求，于是就有新的产品被设计出来以满足这种需求。产品绝对不仅仅是有形的物品，还应是能够供给市场，被人们使用和消费，并能满足人们某种需求的东西。产品既包括有形的物品，也包括无形的服务、组织、观念或它们的组合。简单来说，“为了满足市场需要而创建的用于运营的功能及服务”就是产品。

（二）文创产品的价值

了解了所要设计的产品的概念，就可以明确文创产品的设计范畴。将文创产品的两个部分——文化创意内容和载体，进一步分为三个价值组成部分：一是文化内容的价值，二是创意内容的价值，三是载体（即产品）的价值。前两者难以量化，后者则要从有形载体和无形载体两个类别进行分析：有形载体的价值比较容易量化，而无形载体的价值不容易量化。由此，文创产品的属性可以分为两个方面：一方面是无法量化的文化创意的价值属性，另一方面是经济价值属性。

文创产品的价值往往取决于文化创意的价值属性。如苏州博物馆的文创产品衡山杯将文徵明的衡山印章图案作为文化元素，将印章图案应用在杯底的设计中，整个杯子的造型好似一枚印章。杯子材质选用汝瓷，以契合文徵明的文人气度，同时也符合苏州雅致的地域文化特点。因为文化元素源自衡山先生——文徵明，其所代表的文化内容给这个杯子增加了文化价值，印章和杯子结合的设计又增加了创意价值，使整个杯子的价值远远大于材质本身的经济价值。所以，文创产品的设计基础一定是文化，只有将文化内容表达得出彩，才具有其他产品所不可替代的价值。

二、文创产品的基础是文化

中国传统文化内涵丰富，这也是我国在发展过程中文化积累所取得的优秀成果。中国传统文化有“俗文化”与“雅文化”之分，如被称作翰墨飘香的“文房四宝”——笔、墨、纸、砚便是雅文化中的精品。在古代文人眼中，包括笔、墨、纸、砚在内的精美文房用具不仅是写诗作画的工具，更是他们指点江山、品藻人物、激扬文字、引领时代风尚的精神良伴。随着审美普及，这种雅文化渐渐重新融入人们的生活中，体现在消费者对衣、食、住、行等日常需求更高品质和内涵的追求上。最终，文创产品依靠其蕴含的文化在众多产品中脱颖而出，受到消费者的喜爱。这些以中国传统文化为设计基础的文创产品也成为沟通传统与现代、维系外观和内涵的载体。

文创产品要实现文化内容的准确表达和传达，使消费者通过文创产品接收到准确的文化内容，得到文化体验，这是设计文创产品的基本要求。

（一）文化是什么

在利用各种不同的文化元素进行文创产品设计之前，我们还需要清楚文化的概念。“观乎人文，以化成天下”，这句话出自《周易》，意思是要凝聚正确的价值观，融化人心，化育行为。“观乎人文，以化成天下”强调的是文而化之，即发挥文化的熏陶、教化、激励作用，“文化”一词由此而来。

国学大师梁漱溟给文化的定义：所谓文化，不过是一个民族生活的种种方面。文化可以总结为三个方面：精神生活方面，如宗教、哲学、艺术等；社会生活方面，如社会组织、伦理习惯、政治制度、经济关系等；物质生活方面，如饮食起居等。

关于文化的解释非常多，想要解释清楚文化，从众多对文化的解读中找到准确的定义十分困难。在本书中我们这样去理解文化：文化是一种成为习惯的精神价值和生活方式，它的最终成果是“集体人格”。

所以说，文化的内容遍布我们的日常生活中，而文创产品就是让消费者在日常用品的使用过程中感受文化，感受不同的文化内容、文化元素。

（二）文化分类

文化的类别非常多，按照不同的分类标准有不同的结果。

1. 第一种分类：分为雅文化与俗文化

澄心堂纸作为中国古代的一种极为珍贵的宣纸产品，其制作工艺十分讲究。南唐后主李煜亲自监制的澄心堂纸是宣纸中的珍品，它“肤如卵膜，坚洁如玉，细薄光润，冠于一时”，从南唐到北宋，一直被公认为是最好的纸。用来进行书画创作的澄心堂纸，无疑代表了一种雅文化。当宣纸作为剪纸的载体变为红色之后，其制造工艺也变得没那么复杂，其文化内容也逐渐民俗化，成为人们生活中的文化，即俗文化。逢年过节少不了用它来剪窗花，婚庆嫁娶的时候需要用它来剪喜字。

2. 第二种分类：分为物质文化和非物质文化

（1）物质文化

物质文化遗产，又称“有形文化遗产”，即传统意义上的“文化遗产”。根据联合国教育、科学及文化组织通过的《保护世界文化和自然遗产公约》中对文化遗产的界定，属于下列各类内容之一者，可列为文化遗产。

第一，文物：从历史、艺术或科学角度看具有突出的普遍价值的建筑物、碑雕和碑画、具有考古性质成分或结构、铭文、窟洞以及联合体。

第二，建筑群：从历史、艺术或科学角度看在建筑式样、分布均匀或与环境景色结合方面具有突出的普遍价值的单立或连接的建筑群。

第三，遗址：从历史、审美、人种学或人类学角度看具有突出的普遍价值的人类工程或自然与人联合工程以及考古地址等地方。

在古建筑群中，最为人所熟知的就是北京故宫。它是中国明清两代的皇家宫殿，旧称“紫禁城”，位于北京中轴线的中心，是中国古代宫廷建筑之精华。还有享有“甲江南”之称的苏州古典园林，其历史可上溯至公元前 6 世纪（春秋时期）。苏州古典园林数量众多、构筑精致、意境深远、文化内涵丰富，是中国江南园林的典范。这两者都属于建筑群，亦属于物质文化。

而在中国历史上，激动人心的人造工程也为数不少，包括用于军事防御的长城、用于治水灌溉的都江堰等，都是非常重要的工程和物质文化。在秦始皇下令修长城的数十年前，成都平原上就已经完成了一个了不起的工程——都江堰。其以年代久远、无坝引水为特征，成为世界水利文化的鼻祖。在战国时期，居住在岷江沿岸的人们常年受到洪水的困扰，都江堰完成后，变害为利，其灌溉系统使四川成为中国最具生产力的农业区之一。都江堰的规模从表面上看远不如长城宏大，却造福当地百姓千年的时间。

（2）非物质文化

《中华人民共和国非物质文化遗产法》所称非物质文化遗产，是指各族人民世代相传并视为其文化遗产组成部分的各种传统文化表现形式，以及与传统文化表现形式相关的实物和场所。它包括传统口头文学及作为其载体的语言；传统美术、书法、音乐、舞蹈、戏剧、曲艺和杂技；传统技艺、医药和历法；传统礼仪、节庆等民俗；传统体育和游艺；其他非物质文化遗产。

以上述内容为标准，中国的神话故事、书法、甲骨文、昆曲、二十四节气、各地不同的民俗都属于非物质文化。

3. 第三种分类：分为器物文化、行为文化和观念文化

所谓器物文化，是指物质层面的文化，是人们在物质生活资料的生产过程中所创造的文化内容，包括衣食住行等方面，如汉民族传统服饰（后文简称汉服）和有着 3000 多年历史的中国传统拨弦乐器——古琴。

所谓行为文化，是指制度层面的文化，它反映在人与人之间的各种社会关系以及人的生活方式上，如传统节日中的各种习俗：过年守岁、贴春联；端午节挂菖蒲、吃粽子；中秋节赏月、吃月饼等。

观念文化则是指精神层面的文化，以价值观或者文化价值体系为中心，包括理论观念、文化理想、文学艺术、伦理道德等。

4. 第四种分类：分为饮食文化、服饰文化、建筑文化、地域文化等

（1）饮食文化

中华饮食文化博大精深、源远流长，极具特点。

首先，风味多样。我国一直就有“南米北面”的说法，口味上有“东酸西辣，南甜北咸”之分，主要包括川、鲁、粤、淮扬四大风味。

有着“民以食为天”观念的中国人，几乎每逢佳节便会展开一场“南北食物派系之争”：端午时争论应吃咸粽还是甜粽，肉粽还是豆沙粽；到了中秋吃月饼，不但讨论吃咸还是吃甜，还要讨论五仁、叉烧、莲蓉、蛋黄哪个才是月饼之王，甚至连吃月饼的方式也有差异，南方人吃月饼喜欢切开用叉子吃，而北方人却是整个拿着吃。这从另外一个方面印证了中国饮食文化多样性的特点。

其次，不时不食。中国人善于根据时节变化搭配食物，也就是所谓的时令菜，这些菜默默提醒着人们与万物平衡相处的安身立命之道。

除此之外，中国饮食文化还讲究食材与食具的搭配，并且还喜欢给食材和菜取一些别致的名字，如“炝炒凤尾”“蚂蚁上树”“狮子头”“叫花鸡”等。

中国人表面上讲究吃，但是更注重的是蕴含在形式之下的认识事物、理解事物的哲理。比如有的地区，婴儿百日时会赠送亲朋好友红蛋用来报喜，“蛋”表示生命的延续。

（2）服饰文化

衣、食、住、行是日常生活中最重要的四件事。衣排在首位，而最能代表中国传统服饰文化的就是汉服。“中国有礼仪之大，故称夏；有服章之美，谓之华。”我们所说的“华夏”就有这样一层含义，所以汉服也称为“华服”，大体是“上衣下裳”的形制。当然，随着社会的发展，上下连体的汉服也出现了，然而对于普通农民来说，服饰还是以“上衣下裳”的形式为主。

除了形制上的特点，汉服上的纹样和配饰也直接反映了人们的思想观念。不同的时代、形制、纹样和配饰共同形成了特定时代的中国传统服饰文化。

（3）建筑文化

中国建筑反映了中华民族的居住方式，有着自己独特的体系和特点，与欧洲建筑和伊斯兰建筑并列称为世界三大建筑体系。

由于中国历史悠久、幅员辽阔，因此形成了别具特色的建筑风格。在漫长的发展过程中，中国传统文化中“天人合一”的思想也对其产生了重要影响。

（4）地域文化

无论是饮食的“南北之争”，或是苏州园林和徽州古村落的对比，都与中国传统文化中的一个重要分类有关，那就是地域文化。地域文化是文化在一定的地域环境中与环境相融合后形成的一种独特的文化。

地域文化中最具有代表性的便是方言。方言是一方水土所创造的语言文化，所以通过方言可以了解不同的地域文化和民俗现象。

中华传统文化的内容丰富多彩，为我们提供了大量的文化元素进行创意设计。同时设计者只有不断地提升自身的文化修养才能精确地解读它们，以准确的方式、恰当的载体对中华传统文化进行表达和传达。

三、文创产品的核心是创意

同样是以故宫文化内容中的元素设计的产品，十多年前为何没能吸引消费者，如今却深受消费者的喜爱，真正成为传达故宫文化的有效载体？

因为创意，故宫文创真正地把创意融进了文创产品之中，而不仅仅是对文物的简单复制。故宫博物院现有180万余件（套）文物藏品，包含着大量的历史信息，不仅是古代工匠精神的体现，同时也是故宫文创的创意来源。故宫的文化元素触手可及，但是如果没有好的创意，或者说对文化进行的重构和再造没能以一个好的想法、好的形式呈现，文创设计便失了新意和吸引力。

（一）创意的定义

创意究竟是什么？创意是对传统的叛逆，是打破常规的哲学，是破旧立新、思维碰撞后得出的创造性想法，是不同于寻常的解决方法。我们常说“怎么都想不出一个创意”。那得出创意的方法是否有迹可循？虽然创意不能按部就班地依照特定流程得出，但是可以从产品本身的属性方面着手，比如手感、颜色、使用方式等。比如在中国传统器物中，要常常拿在手上的东西很讲究手感，如与饮食相关的器皿等。又比如，中国的传统色彩光听名字就可以感受到其内在的风雅。除此之外，层出不穷的新技术和传统文化经过碰撞后非常容易产生好的点子。

再来看一下故宫文创产品，你可以发现其中很多好的产品大多可以作为日常用品，甚至还能解决人们的痛点。作为文创产品终究还是需要更多地研究人们的生活，研究人们生活的习惯，研究人们在生活中需要什么样的产品，研究文创产品如何能被大众消费者接受。文化与功能的巧妙结合是最佳的创意方案之一，可以潜移默化地将传统文化融入人们的日常生活中。

（二）创意的意义

创意作为实现文化价值和产品价值的主导力量，其最大的意义在于对文化的转化。它将物质文化与非物质文化中的文化，或者是其他分类方式中不为人所了解的文化以有趣的、消费者能够欣然接受的方式进行传达，使传统文化得到传承。不可否认的是，好的创意可以让文化传递，让传承的效率最大化，而不尽人意的创意对于传统文化是否能被准确传达则值得商榷。

按照创意对于文化的转化和传达的水平可以将文创产品分为三个层次。

第一个层次：创意含量几乎为零的贴图法。这种方法通常是将原有的文化元素直接以图案、图形的形式附加在产品上。

第二个层次：符号能指的转化和延展，或将特色文化内涵外化。了解这一内容之前，我们先要了解“能指”与“所指”这对概念。符号是能指和所指的结合，所谓的能指就是表示者，所指就是被表示者。以巧克力为例，巧克力的形象是能指，爱情是其所指，两者结合就构成了表达爱情的巧克力符号。

在中国传统文化中，梅、兰、竹、菊等植物代表了一定的精神品质，古人所说的“宁可食无肉，不可居无竹”，并不是说竹子这种植物本身有多美，人们更多的是喜爱竹的内涵，想要表达的是对竹子精神的喜爱，即自强不息、顶天立地的精神。所以当一些文创载体与特定文化符号巧妙地结合之后，其层次比贴图法的文创产品的立意高出许多。

在众多文创商店中，我们经常能看见第一种层次的文创杯子，即在各种造型的杯身上简单喷涂或绘制各种传统图案和图形。同样是杯子，苏州博物馆的衡山杯便不是简单的图形的加载，其杯底用衡山印章作为底款，有了所指，手起杯落间犹如在使用文徵明的衡山印章，让蕴含其内的文化得到了行为上的外化。

第三个层次：用一句话概括为“只可意会，不可言传”。此类文创产品在于对意境的表达，即将传统文化的意蕴、思想、观念等以无形的方式融入产品载体。在众多的文创产品中，有一类文创产品被称作“禅意文创”，与其关联的产品主要是抄经、茶道、香道。这类文创便属于第三个层次的文创产品。

文创产品是创意作用的对象，创意是文创产品的核心。将文化以某一创意方式或形式加载于产品之中，使二者融合为一体，便能成为具有特定文化内容的文创产品。当然，设计文创产品也要考虑市场因素、消费心理、需求趋势等方面的问题，只有这样才能保证特定文创产品能够满足细分市场的需求，实现经济效益最大化。

第二节　文化创意产品设计理论

文化创意产品设计是一项复杂的工程，设计师不仅要考虑产品应具有什么样的功能，呈现何种造型，选择什么样的材料以及使用何种制造工艺等；还要从社会、消费者的角度出发，考虑该产品是否符合社会道德规范，是否符合市场需求，能否满足消费者的心理预期以及设计者自身的生理、心理等方面的因素。虽然文化创意产品具有精神文化的属性，但同时也是满足人们需求的物质产品，这就要求设计师在设计文化创意产品时从人的需求出发。随着社会经济的发展，科学技术的更新速度不断加快，大众的审美意识和生活观不断演变，文化素养不断提升。特别是进入信息时代后，信息传播方式日趋多样化，现代消费者的文化观日渐成熟，能够以更加开放的心态看待各种文化，会对各种风格的文化创意产品设计予以更多的包容。

一、现代文化创意产品发展背景

随着社会经济的蓬勃发展，国家间的联系日益密切，对外交流活动日趋活跃，世界文化艺术交流日趋频繁，人们在物质需求得到满足后开始追求更高层次的精神需求。原来千篇一律的设计风格已然无法满足人们的需要，人们越发渴望个性化、多元化的设计风格。这就要求设计师在设计文创产品时不仅要考虑其实用性，还要从消费者的心理需求出发，审视其内涵和价值。为了满足当代文化创意产品设计多元化需求，可以从以下几个方面来探讨文化创意产品设计多元化实现的可能性。

（一）科学技术的进步丰富了设计的手段

现代社会较之于以往社会出现了前所未有的改变，如科学技术迭代的速度明显加快，新型材料、生产工艺层出不穷，这一切都为文化创意产品设计领域注入了生机，使得文化创意产品设计突破了传统思想的束缚、选择范围日益扩大，使得原本只是空想的产品有了成为现实的可能，为文化创意产品设计提供了多元化的载体，推动了文化创意产业的蓬勃发展。

（二）经济的发展提供了物质保障

随着社会经济的发展，文化创意产业在国民经济总产值中的比重不断提高，如何推动文化创意产品设计行业的持续健康发展成为社会各界关注的热点问题。研究人员以文化创意产品设计为研究对象，深入分析了文化创意产品设计的生产、销售等诸多环节，结果发现文化创意产品设计的生产、销售同市场需求、经济发展有着密不可分的关系。现阶段，经济全球化已成发展大势，几乎全球的国家都被卷入世界经济的洪流中，当前的市场已然成了一个世界性的市场。而文化创意行业同农业、工业等有着显著的差异，即其所生产的产品并非生活必需品，因此，文化创意产品受经济水平的制约更大。当经济繁荣、生活安定、物质资源充足时，人们对于文化创意产品的需求就会变大；相反，当经济萧条、物质条件匮乏时，人们只能将自身的精力投入维持自身生产生活中，自然没有多余的闲暇来欣赏文化创意产品，必然会导致文化创意产品数量缩减。经济发展为文化创意产业的发展提供了物质保障。不仅如此，文化创意产业作为国民经济的重要组成部分，在文化创意产业蓬勃发展的同时经济也会日益繁荣。

（三）信息的交流促进了文化交流

伴随着互联网和通信技术的日益成熟，信息时代悄然来临，信息交流日趋便捷，信息传播速度不断提升，不同国家文化之间的互动更加频繁、联系更加紧密。文化的碰撞、价值观念的差异为设计师提供了取之不竭的灵感。设计师在设计文化创意产品时不仅能从本国文化中获取素材，还能借助网络获取世界各地的信息，信息的交流不仅为设计师提供了便利，也使消费者突破了时间和空间的限制，能够了解全球的文化动向，在网上购买不同国家和地区的文化创意产品。

二、不同类型的文化创意产品设计

文化的形成受历史、地理环境等多种因素的影响。每一种文化都是生长于此地的劳动人民集体智慧的结晶，具有其他文化无法比拟的优势。地理环境是影响文化的直接因素。风俗习惯、物质基础、文化心理等不同程度地受到了环境的影响，促使不同地区的人们有着不同的价值观和思维方式。随着国家间交流活动的日益频繁，不同国家和地区的文化不断碰撞、融合，汲取其他文化中的先进成分，弥补自身文化中的不足之处，共同发展，不断创新。也由此产生了更加丰富多彩、类型繁多的文化创意产品设计。

不同类型的文化创意产品设计可以分为以下三种：

（一）博物馆文化创意产品设计

博物馆作为文化传承与传播的重要渠道，不仅提供了社会教育和娱乐功能，还为人们提供了一种多元化的文化体验。博物馆作为一种公益性事业单位，其服务对象主要为社会公众，任何人都可以进入博物馆参观。基于收藏、展示物品的不同，博物馆可以分为不同的种类：如以收藏历史物品为主的博物馆属于历史类博物馆的范畴；以收集美术作品为主的博物馆归美术类博物馆的类别；以展示自然科学物品为主的博物馆称为自然与科学类博物馆；收藏有大量民族民俗物品的博物馆为地域民俗风情类博物馆；馆内既有历史物品，又有自然科学展品的博物馆为综合类博物馆。博物馆在发展过程中形成了自己独特的馆藏资源和服务模式。博物馆的文化创意产品之所以独具特色，是因为其拥有丰富多彩的文物资源。文化创意产品作为一种特殊形式的艺术品和思想表达工具，在博物馆中发挥着重要作用。博物馆的文化创意产品具有双重属性：一方面它具有商品属性，消费者可以在博物馆内购买自己感兴趣的文化创意产品；另一方面它又是一件高附加值的艺术品，它能够传达馆藏品的象征意义和美学价值，为参观者提供文化情境，加深参观者的感受。

（二）旅游文化创意产品设计

随着信息时代的快速发展，人们的民族意识和对民族文化的认同感逐渐增强。引领时尚的“国潮”彰显了文化自信，展现出人们对优秀传统文化的推崇和认可。实践证明，具有鲜明特征的地域文化是旅游文化创意产品设计的源泉。深入挖掘地域文化底蕴，在设计旅游文化创意产品时融入地域文化，可以有效提升地域文化的存在价值。很多国家都已深刻意识到文化创意产业的重要性，对于本国传统文化的传承与保护给予了高度重视，不断挖掘本国特色，通过旅游纪念品等形式展现在全球消费者面前。旅游文化创意产品要想赢得消费者的认可需要满足以下条件：第一，以地域文化为基调，汲取地域性民俗文化中的优秀成分；第二，具有创新意识，从消费者的需求出发，使旅游文化创意产品具有实用性。有关研究表明，将地域性民俗文化元素融入旅游文化创意产品设计中不仅能够凸显传统文化的价值，同时也有助于激发消费者的情感共鸣，使民族特色文化在更大范围内传播，得到更多人的认可。如南京“总统府”的文化创意产品，设计师受“总统府”大门的启发，设计了文化衫、书签、纪念徽章等一系列文化创意产品，这些产品具有鲜明的地域特征，深受消费者欢迎。

（三）校园文化创意产品设计

学校所孕育的精神氛围和文化氛围是校园文化的重要组成部分。它对学生成长成才起着潜移默化的作用。校园文化创意产品的开发对于学校的健康发展有着积极意义：首先，学校独特的人文特色和历史文化底蕴是校园文化创意产品开发的灵感来源，学校通过挖掘自身的人文特色来设计校园文化创意产品对于凸显自身优势、扩大自身的社会影响力具有积极意义；其次，校园文化创意产品在很大程度上承担了塑造校园记忆的使命，为校园文化的传承和发展注入了新的活力。校园文化创意产品还可以让学生感受到一种独特的文化氛围与价值追求，从而形成对校园文化内涵的认同感和归属感，推动学生全面发展。

三、多种多样的文化创意产品设计表现手法

随着时代的进步和科技的日新月异，以互联网为代表的现代通信技术的普及使人类进入了信息时代。在经济全球化背景下，国际的联系日益密切，文化和艺术的交流日趋频繁，不同国家和地区的文化在世界文化体系中争奇斗艳，文化也在朝着多样化的方向发展。与此相对应的是，设计师在设计文化创意产品时通常会打破固定思维模式的束缚，从世界文化中获取灵感，使得文化的设计表现手法多种多样。设计师在设计产品时应用较为广泛的是折中手法，即不受地域文化特征的限制，将目光聚集到全球，把各种文化元素巧妙地融为一体，并且有机地融入人们的日常生活中。伴随着经济的迅猛发展，人们的生活水平不断提高，原本单一化、标准化的文化创意产品已然无法满足人们日益增长的精神文化需求。新一代的消费群体渴望个性化、多元化的文化创意产品。这就要求设计师在设计时要运用多种表现手法，从而使产品呈现出丰富多彩的面貌。市场经济条件下，市场在资源配置中起主导作用。文化创意产品的设计也要符合市场的规律，以满足消费者需求为出发点，以世界文化为设计素材库，汲取不同地域文化的先进成分，借鉴不同历史时期的艺术风格，与当代审美情趣相结合，创造出更多的表现形式，从而设计出一系列独具特色的文创产品。

（一）文化创意产品外观设计的多样性

能否吸引消费者、激发消费者的购买欲望是衡量文化创意产品是否成功的重

要标准。消费者在购买文化创意产品时通常会考虑两方面：一是该产品是否具有独特的外观，二是该产品是否具有实用功能。为了激发消费者的购买欲望，设计师必须深刻把握消费者的审美心理，站在消费者的角度，设计出符合广大消费者审美情趣的独特外观。消费者的审美情趣受多种因素的影响，不同时代的消费者在审美上有着显著差异，即使同一时代不同阶层、不同年龄的消费者的审美取向也是千差万别，这就要求设计师在设计文创产品外观时尊重个体差异性，呈现多样性的状态。

（二）文化创意产品使用材料的多种性

随着社会主义市场经济体制的不断深化，文化创意产品逐渐分化为高端、中端、低端等不同的市场，衍生出了不同档次的产品。材料是产品档次的决定性因素。不同档次的产品，其所使用的材料大不相同。清晰的市场定位是文化创意产品持续健康发展的前提和基础，这就要求设计师对于产品材料的重视程度要不亚于设计本身。随着科学技术的蓬勃发展，新型材料不断涌现。因此，设计师可以选择的材料也日益广泛，他们既可以单独使用某一种材料，也可以将各种材料混合、交错使用。这不仅拓宽了设计师的思维，也为设计师带来了更多的可能性

（三）文化创意产品功能的多元性

设计师在设计文化创意产品时必然要考虑的另一个因素是，该产品是否具有实用功能。仅仅造型美观而不具备实用性的文化创意产品是很难得到消费者青睐的。随着时代的变迁，当代的文化创意产品越来越注重美感与实用性的结合。钱包、手提包、披肩等实用性强的生活类文化创意产品越来越受消费者喜爱。设计师在设计文创产品时要注重产品功能的多元性，从而为用户提供更加多样化的使用体验。

（四）文化创意产品工艺种类的多重性

手工制作的精美文化创意产品蕴含着深厚的文化底蕴和地域特色，呈现出独具特色的设计风格。有关研究表明，在产品设计中运用当地特有的材料，采用独特的工艺，既可以体现出设计者的艺术造诣，又可以增加作品的艺术性与趣味性。受地理环境、风俗习惯等多种因素的影响，不同地区所具有的文化特征是大不相

同的；设计者所使用的原料、蕴含的设计元素也有着显著差异，如苏州工艺美术博物馆中陈列的各类手工商品都是当地手工艺人精心制作而成的。相对于机器生产的千篇一律的产品，这类手工制作的文化创意产品价格偏高，但它的精细度和独特性是机器生产难以实现的。手工制作的文化创意产品不仅有助于保护和传承地方传统手工技艺，而且有助于细分文化创意产品市场，使文化创意产品朝着多样化、精致化的方向发展。

当前大部分的文化创意产品是由机器制造的，具有生产规模大、价格低廉的显著优势，对于宣传当地特色文化，扩大该地的文化影响力具有积极意义。这类文化创意产品的形式多种多样，包括出版类书籍、宣传画册、导视手册等。博物馆是设计该文化创意产品的主要场所，参观者通过阅读就可以了解该博物馆的主题展览和藏品，方便参观者与亲朋好友分享体验。故宫博物院就是设计此类文化创意产品的典范，为了使参观者对故宫博物院有着更加深入的了解，故宫博物院旗舰店委托出版社出版了一些与故宫有关的书籍。

随着社会的发展，人们的消费能力和生活品质不断提升，人们越来越倾向于将文化创意产品“带回家”，以更好地满足他们欣赏文化创意产品的需求。这就要求设计师在设计此类文化创意产品时要深刻把握当地文化特色，选取最有代表性的文化元素进行开发。文化创意产品开发是近年来的热门领域之一。为了凸显地方优势，设计师在设计文化创意产品时要从人们的需求出发，灵活运用文化元素，以与人们日常生活密切相关的物品为切入点，赋予具有实用功能的物品以文化内涵，借鉴欧美等国家文化创意产品开发的成功经验，丰富文化创意产品的种类和形式，给予消费者不同的体验。文化创意衍生运用类产品大致分为三类：一是生活用品类，包括杯子、杯垫、餐具、钱包等；二是文具用品类，包括笔、笔记本、资料夹、书签等；三是服饰用品类，包括T恤、领带、丝巾、收纳袋等。

高科技化仿真类文化创意产品同样属于文化创意设计的范畴。工业化文化创意产品多应用于日常生活，侧重于实用性，集中于低端市场。高科技化仿真类文化创意产品则更多面向高端市场，其宗旨是满足文化创意产品爱好者收藏和鉴赏的需求，这类文化创意产品可分为两种：第一种是价格偏高的高仿复制品，设计对象一般为传统文物，不管是使用材料还是制作工艺都朝着传统文化靠拢，以求最大程度还原传统文物，生产工艺复杂，生产数量少，具有极高的收藏价值。第二种是价格较低的复制品，可大规模生产，针对不同的档次使用不同的材料，只有外观上贴近传统文物，却无法展现原藏品的美感和艺术性，适合大部分人的消费水平。

四、当前文化创意产品的发展趋势

（一）文化创意产品的主题系列化

在文化创意产品的开发设计过程中，将一个主题产品进行系列化开发可以获得无可比拟的优势。文化元素是构成系列化文化创意产品设计的重要部分之一。运用不同的手法将文化元素巧妙地融入不同产品的造型、色彩、结构中，有助于加深消费者对文化元素的印象，让更多人认识文化创意产品，扩大文化创意产品的传播范围。需要注意的是，系列化文化创意产品设计开发要以明确的主题为基础，以满足消费者多样化的需求为落脚点，从而开发出多层次、多方位的产品。

（二）文化创意产品的环保化

随着时代的变迁，文化创意产品的价值也在不断演变，如何增加文化创意产品的附加价值是设计师探讨的热点问题。保护生态环境、实现人与自然的和谐发展是时代的主题。基于此，设计师在设计文化创意产品时应遵循环境保护的理念，在满足人们生活需要的同时，对于环境保护给予高度关注，充分考虑产品前期使用到后期销毁的影响，贯彻人与自然和谐发展的思想，尽量采用环保材料，减少废弃物排放，将产品对自然的危害降到最低。

（三）文化创意产品的个性化

为了突显文化创意产品独特的文化内涵和品牌效应，生产经营者在产品设计、包装和宣传广告中应采用特定的标识，以区别于其他类似产品。

（四）文化创意产品的多元融合化

随着社会经济的蓬勃发展，人们的生活水平不断提升，多元化的精神文化需求与日俱增，这就为文化创意产品设计提供了广阔的舞台。从产业类型上来说，文化创意产品设计属于第三行业类型，其主旨是向大众提供文化、艺术等产品，满足人们的精神需求。知识经济时代背景下，文化创意产品设计作为文化创意产业的重要组成部分，已然形成完整的产业链。相较于工业、农业等其他产业，文化创意产业具有低污染、低能耗、高附加值的显著优势。尽管改革开放以来，我国的文化创意产业取得了突飞猛进的发展，但是相比欧美等发达国家，我国的文化创意产业尚处于起步阶段，存在着政府引导不足、企业规模小、创新能力弱以及缺少高素质人才等问题。世界经济一体化背景下，国际竞争越发激烈，文化软实力在综合国力竞争中的地位和作用日益凸显。我国要想在国际竞争中占据优势地位，势必要加快发展文化产业，积极促进文化产业与旅游、体育等行业的融合，加大对文化创意产业的资源投入，建立健全文化创意产业扶植体系，优化结构，实现文化创意产业的转型升级，与时俱进、不断创新，提升服务品质，培植有影响力的文化创意产业组织，增加产品附加值，形成品牌效应，推动文化创意产业的持续健康发展。

万物皆有其独特之处，世界呈现出多元化的面貌，这种多元性是事物发展的根本特征。文化也同样具有多元性特征。文化创意产品的设计需要在多元化的背景下进行交流、碰撞和融合，以应对不同性质、特点和背景的价值观和思维方式所带来的冲突和挑战，从而不断推动其发展。文化创意产品设计具有独特的审美特征和人文关怀，其内涵也随着时代的进步而不断丰富。在全球文化产业和创意经济蓬勃发展的大背景下，文化创意产品通过深度挖掘自身文化资源，运用创新的设计手段对文化进行革新，不断与创意产业和产品设计相互交融，从而传播和弘扬文化。

随着社会经济的不断发展，人们物质生活水平逐渐提高，文化创意产品开始被越来越多的人关注，并逐步进入大众视野。基于此，研究人员对文化创意产品进行了广泛而深入的研究，通过分析文化创意产品的现状，得出现阶段文化创意产品具有多元化的特征。虽然近年来，党中央和国务院对于文化创意产业给予了高度重视，建立了非物质文化遗产传承和保护机制，使得文化创意产品设计和开发取得了卓越的成绩，但是相比于其他国家，我国文化创意产品的设计和开发还处于探索阶段。信息时代背景下，互联网广泛应用于各行各业，为诸行业的发展注入了新的活力。因此，在今后的文化创意产品设计开发中，设计师要积极采取新技术，将多媒体世界与文化创意产品有机地结合在一起，创造出更加新颖、更加符合消费者审美情趣的产品；开发者需要进一步细分文化创意产品的消费人群，加大文化创意产品的宣传力度，建立文化创意产品的交流平台，以引导文化创意产品的设计、生产，扩大文化创意产品的受众群体，有效提升其产品的市场竞争力。

第三节　文化创意产品的特征与设计方法

一、文化创意产品的特征

（一）独特性与超越性

由于文化创意产品的本质是追求“破旧立新”，因此其属于创造性的产出，独特性和超越性是文化创意产品追求的重要品质。

（二）教育性与公益性

文化创意产品同物质产品的显著区别就在于其具有双重属性，即它除了具有一般物质产品所具有的商品属性之外，还具有精神属性，这就决定了文化创意产品的创作和生产过程与一般物质产品也有着差异：对于一般物质产品而言，其生产的根本目的是追求经济效益，希望实现利润的最大化；对于文化创意产品而言，除了追求经济效益之外，还要兼顾社会效益，以实现二者的统一。文化创意产品既然是一种产品，必然要遵循市场经济的规律，以经济效率为导向；但同时它又是一种文化产品，承载着服务社会的职责，自然要发挥其对社会的服务作用，提供积极的精神导向，进而创造良好的社会效益。随着经济全球化进程不断加快，我国文化创意产业发展迅速，成为国民经济新的增长点。为了激发年轻人对历史和文物的兴趣，设计师需要善于提炼文化元素，并以符合年轻人审美的表现形式重新组合文化藏品，从而创造出新颖、独特的展示方式。设计文化创意产品不仅可以满足消费者的需求，而且能够产生巨大的经济价值。文化创意产品不仅是一种消费品，更是一种文化教育的媒介，为大众教育提供了更为广泛的方式和手段。

（三）民族性

对于文化人类学家而言，深入探究一个国家和民族生产的各种文化产品是研究该国家和民族特质的重要手段，这是因为一个国家和民族的生活方式和风格总是隐含在各种文化产品中。由于每个民族都拥有独特的历史背景，因此每一种生活方式都呈现出独一无二的特质。在经济全球化浪潮席卷世界之时，文化作为一种软实力越来越成为衡量综合国力的重要指标之一。在这样的背景下，各国都深刻意识到了文化创意的重要性。文化创意者深入挖掘本国的文化底蕴，致力于开发代表本国的创意文化，以获得其他国家人群的认同，提升本国的文化影响力，进而达到价值观渗透和经济获利的目的。文化创意产品被赋予了强烈的民族性，以增强新一代人群的民族自豪感和自信心，唤起他们对本国文化的认同感和归属感。

（四）系列性与延续性

文化创意产品和一般文化产品虽都属于文化产业的范畴，但二者有着显著差异：一般文化产品通常以个体形式出现，一个文化产品具有一个主题；而文化创意产品大多以群体或系列的形式出现，众多的文化创意产品被赋予了同一个主题，以表现相同或相近的内涵。文化创意产品之所以呈现系列性和延续性的特征是因为设计师在设计当代文化创意产品时可能会以某一地域性特色为主题，如北京故宫，或者依附某一娱乐时尚 IP（知识产权），如迪士尼。这类文化创意产品往往需要借助特定区域内的资源和历史文化背景来实现其商业价值。同时由于被开发的文化主体规模巨大、文化因子繁多，因此，仅仅对其中的某一内容进行单独开发是不现实的。又由于文化创意产品的核心在于其创新性，而这种创新性具有时效性，因此消费者的兴趣很难长期保持。这就需要设计师将文化创意产品作为一个整体来进行策划，并将其与其他产品相结合从而实现价值增值。为了实现文化创意产品利益的最大化，设计师必须在同一主题上不断创新，以吸引消费者的关注并提高他们的记忆深度。因此，在进行文化创意产品的开发过程中，开发者和设计师必须考虑到未来的发展趋势，因为缺乏前瞻性和延续性的文化创意产品开发将会很快失去其生命力。

二、文化创意产品设计方法

丰厚的文化底蕴是文化产品区别于物质产品的显著特征。有关研究表明，购买内涵丰富的文化产品是提升人们民族自豪感、增强民族自信心、加深对本民族文化认识的有效途径。民族文化创意产品不仅是文化的衍生品，还是文化创意产业的形态表现。大力推广民族文化创意产品不仅有助于促进民族文化的继承与发展，而且有助于民族团结、文化繁荣，为民族地区的进一步发展提供了新的思路。

（一）以文化特色作为主要设计起点

文化创意产品包含三个核心要素，分别是“文化”“创意”和“产品”。因此，挖掘文化的潜力，带动创意，从而创造出卓越的产品，是实现和孵化文化创意产品的必由之路。文化创意产品要素一般包括三个层面：一是文化特色，二是设计要素，三是技术支持。其中，文化特色是基础，设计要素是关键，技术支持则是保障。当前我国的文化创意产品设计大多以文化为视角，呈现出地域性、区域性、阶级性、民族性和全国性的特点。

1. 融入地域性文化特色

我国广袤的土地上，蕴含着丰富多彩的文化类型和众多文化产业，文化呈现出明显的地域特色。随着时代的发展和人们生活水平的提高，文化消费在国内逐渐兴起，文化创意产业也随之成为国家经济增长的主要推动力之一。受地理环境、历史文化等因素的影响，我国不同地区的民俗、语言、社会风俗等呈现出显著的差异。因此，深入理解地域性文化的特色，参考其他国家文化创意产品开发的成功经验，结合现阶段流行的设计语言，开发契合时代精神和人们审美情趣的文化创意产品，是文化创意开发的必由之路。有关资料显示，1990—2010 年，地区性文化创意产品的出现每增加 10%，最终会出现 4% 的文化创意产品的出口增幅。[①]由此可知，文化创意产品具有广阔的市场空间；大力发展文化创意产业，对于扩大出口，提升我国国际知名度有着积极意义。为了推动文化创意产业的繁荣发展，就要深刻把握文化创意产品的地域性特色，以本地区特有的文化为抓手，挖掘更多具有特色的地域文化资源。实践证明，以非物质文化遗产为核心，结合当地的地域性特征，展现当地独特的艺术魅力，是开发文化创意产品的有效途径。[②]如甘肃地区以敦煌文化为主线，结合主流审美观，开发出丰富多彩的文化创意产品，使敦煌文化成为具有地域特色的文化符号，获得了消费者的广泛赞誉。又如井冈山地区以红色文化为基础，挖掘当地特有的红色文化资源，开发了一系列文化创意产品，推动了文化创意产业的发展。又如南京地区在对当地金箔文化深入研究

① 张帅．数字跨国：中国留英学生网络社会支持获取研究［D］．北京：北京外国语大学，2023．
② 宋娇娇．文旅融合视野下的西安演艺产业发展研究［D］．西安：西安音乐学院，2023．

的基础上，以具体的地域性为视角，深入挖掘区域文化特征，并以非物质文化遗产为主导，开发设计了众多的文化创意产品。植村秀是日本知名的彩妆品牌，深受年轻消费者的喜爱。为了推广四川地区的羌绣文化，当地羌绣企业与植村秀开展合作，将羌绣文化与植村秀产品相融合，从而实现了对羌绣文化的广泛推广。

2. 以时代文化特色为背景

研究人员对世界各国文化创意开发进行了广泛而深入的研究，结果发现，虽然不同国家和地区文化创意的方法多种多样，但是文化创意开发的目的大致可以归纳为两种：一种是对已有的成熟产品进行文化创意的包装，从而实现对传统文化的推广和保护；另一种是以传统文化为背景，为当前的产品打开销售路径，这两个视角是截然不同的。文化结构主要分为三个层次，即表层——物质文化、中间层——制度行为文化、核心层——精神文化；所对应的产品设计的三个层次分别为产品的功能层、形式层与反思层。如果要设计出适应时代背景并且设计思路不拘泥于形式与功能的文化创意产品，就必须在精神层面唤起消费者的共鸣。

如何让消费者感受到产品的时代文化的精神层次，是当前文化创意产品营销的重点内容。当文化创意产品设计逐步向核心层次靠近时，产品设计的路径也在逐步改进。文化创意产品需要充分考虑文化本身的人本研究，进行科学的用户需求分析与良好的用户体验设计，最终使用合理的方法来实现设计。利用传统文化作为文化创意产品打开路径的方法也屡见不鲜。在故宫文化创意产品的设计中，设计师对“故宫猫”“故宫建筑”等具有故事情感、文化专属性、趣味性的元素加以设计，使之成为故宫经典的 IP 符号，让故宫真正拥有了“文创产品”。洛可可公司“大耳有福”餐盘的设计创意来源于经典的中式传统耳盘造型，“盘边有耳，福寓盘中”，寓意着把盘子递于他人手中时，将祝福也带给了他，营造了浓郁的文化氛围，丰富了产品的情感体验。

（二）融合主流审美的设计元素

1. 设计语义的构建

随着时代背景与生活观念的变化，人们对事物的审美观念也在改变，相应的语义词汇也在不断扩充。设计语义是在设计中融入语言学中的语义学概念。在文化创意产品的设计中会包含很多非言辞性的隐性元素，它们在默默地介绍着产品的形态和功能等特征。设计语义是沟通设计师与消费者的桥梁，它融合了主流审美下的消费者心理、思维、精神等方面的需求，体现了“以人为本”的思想。在文化创意产品不断升级的良好趋势下，科学的设计语义可以更好地明确文化创意产品的视觉形象，将更具有象征意义的形态传递给使用者，提高产品的设计水平，使产品更符合主流审美情境。

构建设计语义是文化创意产品设计中行之有效的方法。越来越多的学者注意到了构建设计语义的重要性，并取得了良好的成果，如故宫文化创意产品“宫廷娃娃”的设计，凭借可爱的造型与独特的历史底蕴，获得了人们的青睐。

2. 文化特征的提取

从设计的角度来看，现代主流审美下的文化特征是指，在某一文化元素中可以使消费者快速获得感知并具有认同感的视觉符号，具有存在相似特质、能获得人们普遍认同的特点。它们存在于众多遗址与文物中，如历史遗迹、历史典故、人物、建筑、语言文化等。特征提取则是一种对目标文化元素进行的影像图层分析与变化比较，并提取其典型特征的过程方法。对于相似文化特征中设计因子的获取与运用，可以提升产品设计风格的统一性与辨识度，使产品更符合现代审美体验并获得消费者的精神认同感。对文化特征的提取已经成为文化创意产品设计中比较流行的设计方法，获得了很好的实施。刘丽萍等人以江南园林建筑文化为背景，提取窗花、情景意蕴等设计因子，建立了文化因子的提取及应用模型，提炼出了辨识度高的设计元素并运用到了现代家具设计中，丰富了产品的文化精神；刘鸣对代表性文化的类型进行了剖析，寻找可开发创造的设计特征并找到了文化与产品设计的联系，促进了文化与产品的融合。

3. 文化特征的可视化

可视化技术最早应用于计算机领域，该技术可以将复杂的数据关系呈现为可比较的、更直观的图形图像信息，从而使人获得更深层次的认识。当前文化创意产品总体的实现思路在于对文化特征的可视化。从认知心理学角度来看，文化的可视化是指基于文化三层次理论，运用可视化技术将其各个层次进行处理并通过图形、图像的传播方式，让文化受到大众的认可。通过对文化进行详细的分析与考察，运用问卷调查、德尔菲法、SPSS统计、模糊层次分析等方法，寻找当前文化创意产品艺术特征的现代语义，实现兼顾产品设计过程中科学理性的同时，充分考虑到文化的引导作用，从而优化可视化设计流程。在赋予产品文化内涵时，深入挖掘用户的体验需求，满足用户对于产品更深层次的文化需求。

如当前学者们对典型文物产品的可视化模型的探索，就是通过对用户审美意识可视化的方式，使用诸如型谱分析等方法，对相关产品的关键因素进行提取，利用共性构建一般的分析模型。在对茶文化产品的研究中，设计师将用户体验需求进行特征映射与感官映射，将元素提取过程可视化，得到纹理、形状、色彩等最基本的视觉设计素材并进行再设计。

4. 符号化的消费

符号化消费是当前主流审美的一大体现。文化创意产品设计中也需要融入主流设计，实现文化创意产品符号化是成功的文化创意设计中必不可少的路径。刘和海等人将知识拆分为知识元，运用视觉符号表征工具将抽象的知识与文本转化成了简明具体的图像，促进了文化知识的传播。一些爱国主义题材动漫的设计，就是在发扬红色革命文化的基础上，以时下年轻人流行的动漫文化为基础，运用动漫人物“萌化”、叙事方式轻松化等方式，开辟出了把动漫作为文化创意产品的路径。其成功的原因在于，不仅成功弘扬了爱国主义教育，把中国军人的形象符号化，也让该动漫形象成为一个“IP”。日本尤其注重文化创意产品的符号化路径，其文化创意产品以动漫和电子游戏最为著名，可以作为我国动漫文化创意产业发展的借鉴方向。

第四节　文化创意产品设计的构成要素与创意表现

一、文化创意产品设计的构成要素

（一）字体

1. 字体设计的原则

（1）简洁性

文字在我们的生活中无处不在，并且作为设计作品中重要的视觉传播语言，在设计中占据着举足轻重的地位。在进行字体设计时，应首先考虑将文字以简洁的姿态编排于版面中，使文字具有较高的辨识度。

通过把握文字结构、逻辑关系等因素，并结合点、线、面等设计理念，可使版面中的文字清晰可见，让读者能够较为畅快地进行阅读。

（2）易读性

文字是日常生活中重要的记录符号和表述语言，也是不可或缺的信息传播手段。因此，文字对于视觉传达设计的重要性是不言而喻的。在对创意设计中的文字进行编排时，保证其在版面中的易读性是保证页面信息传播效率的重要因素，通过选用最恰当的字体，并将其进行合理的设置，可以在一定程度上提高文字的可读性与易读性，增强版面的形式美感。

2. 字体设计的创意

通过运用艺术性的表现手法，将设计者的艺术想象力和创造意识融入字体中，可赋予字体新的形态和感情，从而引发读者对画面空间的想象力，增加读者对画面情感的领会。特殊的创意表现手法多样，在大胆创新的同时，还要注意抓住对字体基础知识的理解，遵循字体设计的原则，把握字体运用的准确性，使字体在版面中进行有针对性的表达，这样才能使对象语言得到很好的传播。

（1）将文字具象化使其形象生动直观

文字的具象化是指将抽象的文字进行设计和编排，使其与图形相结合，最终以具象化的图形样式呈现在读者面前。文字的具象化能使人快速、直观地理解和体会画面所要传达的信息内容，给人留下深刻的印象。抓住文字和图形共同的属性和特征，把握好两者之间的关联性，在版面中进行合理的编排，能使画面更加有趣和生动。

（2）抽象字体的使用提升版面的艺术性

与文字具象化使版面内容更直观的性质相反，抽象字体的应用可以使版面内容更丰富多变，更能提升版面的艺术性，同时带来自由洒脱的动感，降低拘束性，让读者在欣赏的时候能被版面中的艺术美感所吸引，感受到版面中的活力与灵动。

（二）图形

1. 图形的类别

（1）东方传统图形符号

东方文明以中国的文化为典型和核心，重点强调“天人合一”“求全思想”两个方面的内容，追求的主题是“形神兼备”。东方设计可以非常明显地体现出主观因素在创作过程中的主导性，表现出令人惊叹的艺术想象力。

在中国流传的神话和传说故事中，龙作为一种非常神异的动物而存在，具有九种动物合而为一的“九不像”形象。龙属于原始社会时期发展形成的一种图腾崇拜标志。传说中的龙能显能隐、能细能巨、能短能长，还可以春分登天、秋分潜渊，呼风唤雨，无所不能。

（2）西方图形符号

在西方早期的文明发展进程中，理性的思想往往占据非常高的地位。在文艺复兴之前，欧洲的艺术形象基本以客观写实为主流，因此其创造性的视觉形象往往不像东方那样俯拾即是。

在文艺复兴之前，西方的图形符号主要是依据设计的需要，排列于没有纵深空间关系的纯粹平面上的。文艺复兴到印象派时期这段时间内，西方图形符号开始利用透视性规律，努力在平面之上体现出三维空间的形象，如达·芬奇的名画《最后的晚餐》。

立体派艺术家主要采用块面的结构关系来对物体进行分析，表现体与面的重叠、交错之美，创造出一个相对独立于自然的艺术空间类型，主张对一个物体能够从不同角度、多个视点加以观察与分析，从而构成一个全新的空间观念，极大地开拓了现代图形思维的空间范畴。

2. 图形的发展历程

图形在发展过程中经历了三次比较重大的变革。

第一次变革主要是在原始社会时期，将符号演变成了文字。文字的出现也进一步促使符号具有一定程度的规范性，并逐渐发展成为记事与识别的重要手段。文字还促使信息可以在一定范围内迅速传播。

第二次变革主要缘于中国的造纸术及印刷术的发明。纸的发明进一步促进了文字与图形的传播和应用，印刷术的发明也促使视觉信息得以批量化地进行复制。

第三次变革主要开始于19世纪的科技与工业变革时期，最具有代表性的是摄影技术的发明和不断发展及由此带来的制版方式和印刷技术的发展与革新。信息传播的广泛性在第三次变革中得以进一步扩展，图形在这个时期也发展成为一种真正的世界性语言。

现在的电子技术不断发展，高科技也进一步推动了图形的传播，甚至超越时间与空间的局限，传播的速度飞快，到达了世界的每一个角落，信息的受众甚至已经发展到每一个人。

3．现代图形特征及设计原则

（1）现代图形的特征

优秀的现代图形虽然会在风格的表现方面存在差异，但是也有一些共同的特征，可以将其归纳为准、奇、美三个字。

①准

准主要是指图形传达的信息具有准确性。现代图形通常都是在挖掘相关观念的核心内涵，再用一种比较恰当、准确的形象语言进行表达，直观有力。

②奇

奇主要是指图形表现出来的典型创造性。好的图形一定是具有强大吸引力的，而这种强大的吸引力通常都是通过具有创造性的、与众不同的视觉形象来进一步获得的。差异化、个性化、原创性通常是一个优秀的设计作品必备的基本素质。

③美

美主要是指图形所表现出来的艺术性特征。图形的优势在很大程度上源于它典型的审美价值。现在，我们除了进一步关注图形所具备的信息传达功能外，更趋向于不断追求表现层面的诗意化特征。优秀的图形作品通常是在视觉效果方面展现出特点，不管是简洁的还是繁复的，传统的还是前卫的，总体上都可以通过生动的线条、完美的色彩、恰当的构图去创造一个比较符合形式法则的艺术形象，给受众群体带来思想情感层面的满足。

（2）现代图形的设计原则

从现代图形的基本特征中可以总结出图形设计的基本原则，它可以分为以下三个方面。

①通俗性、准确性

图形属于一种具有典型艺术象征性的符号，通过形象可进一步完成信息传达的基本过程。所以设计者在创作过程中通常要站在受众的立场上，以人为本，尊重广大受众群体，充分了解符号所具备的一般社会含义。

②创造性

创造性通常包括两层含义：一层是创造性地挖掘出图形语汇，另外一层是表现手法上的不断创新。

③艺术化

现代图形通常是在传达信息的理性过程中进一步强调表现形式的艺术化特点，能够借鉴各种不同的艺术形式去表现风格，并加入中外文化的相关艺术审美情趣，可在时代感、文化性方面走得更远，也能提升自身的文化艺术价值。

总体而言，现代图形的创意追求通常应是“意料之外的外在形式，情理之中的内在逻辑”。图形给了人们非常广阔的想象空间，在这一空间之中，人们能够进一步注入自己的激情与幻想、思维与技巧，使所需要表达出来的意念能够很好地呈现给观众。

4．图形设计的价值与意义

（1）图形具备信息传播功能

现代图形的语言形象非常简洁，很容易被人们识别和记忆，具有超时空、超地域、超文化障碍的传播动力，还具有信息容量大、传播速度快、信息内容表达准确等多个方面的独特优势。因此，图形在现代信息化的社会发展大环境中具有不可替代性。

（2）图形语言直观，传播效率较高

语言文字是抽象的，它所传递出来的信息首先需要通过眼或者耳，再传入大脑加以分析才能转换成形象，然后再由大脑进行判断与想象，属于一种非常理性的行为。而图形是极为直观的，通过眼睛可以直接进入人的大脑，由大脑作出相应的判断，无须进行分析与转换，属于一种非常感性的艺术行为。

（3）图形有潜在的商业与社会价值

图形设计具有为现代社会、文化、商业经济大环境服务的基本特性。通过图形语言，可以向广大人民群众传播公众权益、文化理念、商品生产及销售等多种多样的信息。

（三）色彩

1．色彩的种类

（1）原色

色彩中不能再分解的基本色称为原色。原色能合成其他颜色，而其他颜色混合调配不出原色。

色光三原色为红、绿、蓝，颜料三原色为品红、黄、青。色光三原色可以合成所有色彩，同时相加得白色光。颜料三原色从理论上来讲可以调配出其他任何色彩，同色相加得黑色。因为常用的颜料中除了色素外还含有其他化学成分，所以两种以上的颜料相调和，纯度就会受影响。调和的色种越多就越不纯，也越不鲜明。颜料三原色相加只能得到一种黑浊色，而不是纯黑色。

（2）间色

由两个原色混合得间色。间色也只有三种：色光三间色为品红、黄、青，有些彩色摄影书上称为“补色”，是指色环上的互补关系。颜料三间色即橙、绿、紫，也称“第二次色”。必须指出的是色光三间色恰好是颜料的三原色。这种交错关系构成了色光、颜料与色彩视觉的复杂联系，也构成了色彩原理与规律的丰富内容。

（3）复色

颜料的两个间色或一种原色与其对应的间色（红与绿、黄与紫、蓝与橙）相混合得复色，亦称“第三次色”。复色中包含了所有的原色成分，只是各原色间的比例不等，从而形成了不同的红灰、黄灰、绿灰等灰调色。由于色光三原色相加得白色光，这样便产生两个结果：一是色光中没有复色，二是色光中没有灰调色。

如两色光间色相加，只会产生一种亮的原色光，以黄色光加青色光为例：

黄色光＋青色光＝红色光＋绿色光＋绿色光＋蓝色光＝绿色光＋白色光＝亮绿色光

2. 色彩的要素构成

色彩是一种光的现象，物体的色彩是光照的结果。真正揭开色彩产生之谜的是英国科学家牛顿，他将透过小孔的阳光用三棱镜进行分解，产生了包括红、橙、黄、绿、青、蓝、紫七种颜色的光谱。

（1）色相

色相是指色彩不同的相貌。色相中以红、橙、黄、绿、蓝、紫色代表着不同特征的色彩相貌。当黄色加入白色之后，显出不同的奶黄、麦芽黄等，但它的黄色性质不变，依然保持黄色的色相。

色相是色彩的首要特征，它是由色彩的物理性能决定的。由于光的波长不同，特定波长的色光就会显示特定的色彩感觉。在三棱镜的折射下，色彩的这种特性会以一种有序排列的方式体现出来，人们根据其中的规律建立出色彩体系。

色相的数量并不是一个确定的数，从三棱镜中分出来的是七色：红、橙、黄、绿、青、蓝、紫。但每两种颜色之间并无明显的分界，而是一个渐变的过程。如最初的基本色相为红、橙、黄、绿、蓝、紫。在各色中间插入一个中间色，其头尾色相，按光谱顺序为红、橙红、橙、黄橙、黄、黄绿、绿、绿蓝、蓝、蓝紫、紫。所以，不同的研究呈现出不同的划分方法，色相就出现有 8 种、20 种、24 种，甚至 100 种等情况。

如果再把光谱的诸色带圈起来，便构成环形的色相关系，便称为“色相环”。基本色相间取中间色，即得十二色相环，再进一步便是二十四色相环。在色相环的圆圈里，各彩调按不同角度排列，则十二色相环每一色相间距为 30°，二十四色相环每一色相间距为 15°。

每一种色相都有一个明确的称号，但通常总是用“深”“浅”来表示，这样是无法将几千几万种的色彩加以区分的。因此，色彩的研究者为了科学地区分色彩，运用了各种标示的方法。

在设计中，设计师在一个色系中寻找合适的色相时是要仔细斟酌的，甚至在直觉性选择之外不得不借助理性的分析，才能作出决定。比如红色在设计中的使用，朱红、大红、深红等各种红色之间存在相当大的差别。

（2）明度

色彩的明度指的是色彩的明暗程度，也称光度、深浅度。一个色彩加入白色越多，明度越高；加入黑色越多，明度就越低。

在无彩色（黑、白、灰）中明度最高的是白色，明度最低的是黑色。从白色到黑色中间出现一系列明度不等的灰色，即从亮灰色到暗灰色。我们把这一系列的明暗变化称为明度系列，对于光源色来说也称光度、亮度等。在有彩色中也有明暗的差别：最亮的是黄色，最暗的是紫黑色，其他色彩居中。

为了更有效地使用色彩，我们应该知道每种颜色的标准明度。这种标准明暗在色轮上看得很清楚，色轮上的颜色按照中性明度的水平从黑到白依次排列。

（3）纯度

色彩的纯度又称饱和度，它是指色彩的鲜艳浓度和纯净度。纯度的高低决定了色彩包含标准色成分的多少。在自然界，人类视觉能辨认出的色，都具有一定程度的鲜艳度。然而，光色、空气、距离等因素，都会影响到视觉中色彩的纯度。

例如，近的物体看起来色彩纯度高，远的物体看起来色彩纯度低；近处树木的叶子色彩看起来是鲜艳的绿，而远处叶子看起来则是灰绿或蓝灰等。

在光色中，各单色光是最纯净的，颜料是无法达到单色光的纯净度的；在颜料中，不同的颜色混合越多，纯度就会越低。

（四）编排

1. 视觉流程与编排空间构成

（1）人的视觉流程

视觉流程是指视线作用于画面空间的过程。人们阅读时，一般都是由左到右、由上到下、由左上沿着弧线向右下方流动。所以，编排视觉流程是一种视觉的“空间运动”，视线随着版面的各视觉要素在空间沿着一定的轨迹进行运动，从而形成一定的视觉习惯。

心理学家格斯泰在研究版面规律时指出，版面在一定尺度的空间范围内，不同的部分有着不同的视觉诉求力和功能。上半部的视觉诉求力强于下半部，版面左侧的视觉诉求力强于右侧。版面设计不同的视域、不同的重心、不同的导向会产生不同的心理感受，如上半部给人轻松、漂浮、自在、积极向上之感，下半部给人稳重、消沉、低迷、压抑之感；左侧给人轻松、自如、舒展之感，右侧给人束缚、紧张、局促之感。

设计画面与视觉元素都是静止的，而观者的视线是流动的。设计者应利用诸种元素间的差异，做出有序的配置。有计划地调整视觉元素之间的综合关系，能使画面获得自然严谨的视觉秩序，对信息传达次序亦能起到引领和带动作用。设计师还必须了解人类生理和心理的视觉规律，明确人们的“最佳视域”“最佳视域区”“最佳焦点”和普遍的“视觉流程”，这样才能设计出好的版面。编排设计应结合主题，按信息传达的具体目的来制定视觉流程，这也是版式设计的基本要求。

从种类上划分，视觉流程基本上可分为重心诱导、位置关系、导向式、形象关系、散点式五种；若从视觉顺序的角度划分，又可分为反复式与单向式两种。

①从种类上划分

A. 重心诱导流程

重心诱导流程适用于信息传达主次划分不是十分明确的主题。版式设计中的元素编排，往往将观者的视线开端含蓄地安排在版面的重心位置，这种组织方法需要在版面中配置一个在动势与方向上与重心点相反的形态，从而使画面整体获得足够的视觉张力。只有这个因素存在，重心位置才会被引导和强调出来。

B. 位置关系流程

位置关系流程适用于追求单纯感的设计，它是编排设计的常规技巧，清晰而有条理，在视觉浏览方向上强调秩序性，如上下、左右或对角关系的顺序关照。它往往利用人的自然视线过程组织画面，引导视线逐渐向既定方向前进。

C. 导向式流程

由潜在（虚示）或显在（明指）骨骼引导的视觉流程，转化为视觉元素间的组合关系，主要有两种：以连接的形态引导出视觉主体和以分离但相互呼应的形态（动作、姿势或眼神）引导出视觉主体。

D. 形象关系流程

形象关系流程所使用的形式手段是，利用形象吸引力分清主次秩序。在对视觉元素的布局安排上，主要以点、面的对比关系衬托视觉主体。面通常是背景，是画面的底层；点则是画面的视觉主体，处于前层。

面与点的存在关系具有两方面的价值：一方面是以形式的手段加强视觉主体，从而达到更为有效的信息传递，面与点之间往往存在明度、色彩、大小、虚实的对比关系，并以此将点衬托出来；另一方面，从设计创意的角度看，面是设计所营造的整体情境，是氛围的载体，而处于其中的点，则被这个面烘托和包裹，使主题印象得以深化，形成一个更加有力的信息传达的整体。

E. 散点式流程

散点式流程应用于视觉元素多样且需同时展示的设计。比如需要将产品做全景式展示的商品广告，散点式构图可以营造丰富充实的品牌印象，从而激发人们的购买欲望。

②从视觉顺序角度划分

A. 反复式流程

反复式视觉流程是将视觉元素较为平均地散布，或是将其导入一个视觉循环系统，在视线游走的过程中，对设计元素进行反复关照。这类视觉样式多被应用于需要将视觉元素并列展示的设计，如散点式流程；或是画面具有强劲动势及视觉张力的设计中，如重心流程。

B. 单向式流程

单向式视觉流程是指版式设计中的强势诱导因素占据主动态势，逐步推出视觉主体的设计手法。比如位置关系、形象关系及导向式的视觉流程，都是按照既定顺序将视觉传达的主体加以突出的，视线的流动过程也是以单向秩序为主的。

（2）编排空间构成

编排设计的版面通过空间分隔可将各种信息按照功能、逻辑有序地组合和分列。对版面空间构成的把握主要反映在理性化的分隔、感性化的分隔及虚实空间三方面。

①理性化的分隔

理性化的分隔最常见的表现为网格设计。网格设计又称网格系统，是现代国际上普遍使用的一种编排构成方式。它是在版面确定好比例的格子中分配文字和图片，重视版面的连续性、清晰度，给人以整体、严谨的秩序感。这种方式广泛应用于各种书籍、杂志和样本设计中。

②感性化的分隔

感性化的分隔打破了网格设计严谨的分隔方式，是按照设计者的感受来界定版面区域划分的编排构成方式。版面空间中信息的主次顺序、形象之间的平衡关系主要通过直觉来处理。这种分隔可以通过自由的编排方式来表现设计者的创意。

③虚实空间

虚空间是相对占据版面形体的实空间而言的，这个空间因表现形体之外或形体之后的背景而往往被人忽略。然而，虚空间与实空间具有同等重要的意义。若没有虚空间的衬托，人的视觉就无法集中。留白是虚空间的特殊表现手法，如果把空白当作实体，把文字和图当作衬托，就会发现空白的形状和衔接方式、大小、比例、方向等决定着版面的设计质量和深度。可见，编排设计中虚实空间的处理，是为了更好地烘托主题、渲染气氛。虚实处理得当会使主题鲜明突出，给观者留下联想的空间。

留白以它白色空间的单纯及感染力来提升整体画面的审美意境、人文气息。留白较之于满版型设计编排更加具有人文气息，可以使画面产生有序、沉静、沁人心脾的澄澈之美。

2. 编排的形式

（1）标准型

标准型编排中，版面上端是图，其次是标题，然后是广告文和商标。这种形式是一种基本、简单的规划，更容易引起观者的注意，从而引导观者阅读。

（2）对称型

在编排的形式中，对称型较为常见，一般以追求完整、匀称、严肃、庄重、大方为美学准则。

（3）图片左、右置型

这种设计一般采用图形左（右）放置，留出空间给正文，正文的字体采用对比的手法，视觉流程清晰，便于阅读。

（4）重复型

这种形式是指在编排中视觉元素与信息元素多次重复出现。它可以吸引观者，有使整个画面统一的功效，在书籍、简介、说明书的版面设计中应用较多。

（5）自由型

自由型主要指设计不拘泥于形式，编排活泼。如报纸版面、连环画、杂志读物、路牌广告等常采用这种方法。

（6）中轴型

中轴型是指标题、广告文、图片与商标交互放在轴线的两边。此型较为冷静，有平衡感。轴心未必一定要用线条来表示，也可利用中间的空隙，作为此型轴心。

（7）四点型

这种形式布图时均有一单元与画面的四边接触，其中的一个单元碰到另一个单元边，而其他的各边由其他单元去接触，画面生动、醒目。

（8）文字型

文字型，顾名思义就是以文字为主的编排形式。

（9）上下横跨型

这种形式中，标题或图片从上往下延伸，文字或其他单元横跨至右边缘。此型既稳健又容易突出重点，易引起观者的兴趣。

（10）曲线型

曲线型是指将图片和文字排列成曲线结构的编排形式。此型给人以韵律感和节奏感。

（11）指示型

指示型是指图形或者图表指向广告内容。

3. 骨骼

构图第一步通常是分割画面。分割画面往往是为了更合理地安排各视觉要素在画面中的位置。前文中所讲的对称能看作是等形分割，平衡则属于自由分割。

很多设计都存在"骨骼"，骨骼所管辖的是设计中的形象位置，支配整个设计的秩序。在设计中，我们常借助骨骼来构成某种图形。骨骼有助于我们在画面中排列基本形，使画面形成有规律、有秩序的构成。平面构成常见的骨骼形式分为规律性骨骼、半规律性骨骼和非规律性骨骼。

（1）规律性骨骼

规律性骨骼通常是采用比较精密的数学方式所构成的，如一定的比例关系。规律性的骨骼可以把空间分成相同或者相互关联的若干个空间单位，使形象编排出现十分强烈的秩序；也可以把某些骨骼单位加以合并，造成大小完全不同的变化形式，因为比例关系的存在，这种设计仍然具有十分严谨的规律之美。例如报纸的排版，先划分出几个基本栏，有时是通栏的，有时则把基本栏划分成更小的单位。

比较常见的规律性骨骼主要包括重复、渐变、发射、近似。

①重复

重复是指相同的形象连续地、有规律地反复排列出现。重复的形象在视觉上反映为整齐规律、单纯统一，能使人产生深刻的印象。但是由于重复具有极强的规律性，如果在设计中处理不当就会产生呆板乏味的机械感。

②渐变

渐变也称渐移，它是以相近的基本形或骨骼渐次地、循序渐进地逐步变化，使构成的变化符合逻辑，进而呈现出一种有阶段性的、调和的秩序。

在设计中，渐变也是重复构成的一种特殊形式，它的美不仅体现在形态的渐次变化上，还能让人感受到空间、时间、距离、数理等意义。

A. 基本形的渐变

基本形的渐变是指基本形按照一定的规律，在形状、方向、大小、位置等方面发生渐次变化。

第一，形状渐变：由一个形象逐渐变化成为另一个形象的渐变称为形状渐变。形状渐变是渐变中形象变化最大的，可以由简单到复杂、由具象到抽象、由完整到残缺、由此形到彼形等。

第二，方向渐变：将基本形作方向、角度的序列变化，会使画面产生起伏变化，增强立体感和空间感。

第三，大小渐变：指基本形的面积从始至终由大到小或由小到大渐次排列，给人以较强的空间感和运动感。

第四，位置渐变：基本形在构成骨骼中的位置发生变化，使基本形在骨骼中有规律地做上下、左右或对角线方向的平面移动，并由此产生运动的视觉效果，表现出强烈的节奏感、韵律感。

B. 骨骼渐变

骨骼渐变是指骨骼单位的间距、形状、大小按一定比例渐变。骨骼的变化不是重复形式，而是有规律地在宽窄、方向、疏密等形式上渐次变化，从而使基本形依次而变。

第一，单元渐变：只有一组骨骼线做逐渐加宽或缩窄的渐变，其他组骨骼线重复排列。

第二，等级渐变：将骨骼作竖向或横向的整齐错位移动，产生一种梯形变化。

第三，双元渐变：两组骨骼线同时渐变。

C. 自由形渐变

自由形渐变，即基本形和骨骼依照一定规则发生渐变，构成形式上的多种多样。此类型的渐变形式在立意、构思上颇具挑战性，充分考虑了基本形和骨骼变化的度。例如，当骨骼渐变时，基本形的变化要简洁，要符合骨骼渐变的要求，反之亦然。自由形渐变的构成形式有利于突出设计个性，赋予构成设计极大的空间。

③发射

发射构成指在重复、渐变构成的基础上，基本形、骨骼绕着明确的中心向外扩散或向内聚集的构成。

发射是规律性骨骼中非常严谨的、渐变的一种特殊形式，是由有秩序性的方向变动形成的。近发射中心的部分空间较挤，远发射中心部分则宽绰，形成较强烈的视觉吸引力，易表达较强的节奏感和动感。

A. 离心式发射

这是一种发射点在中心部位，发射线从中心向周围发射的构成形式。它是在发射骨骼中引用较多的一种发射形式。该构成形式常用的骨骼线有直线、曲线、折线、弧线等，骨骼线的疏密也可以随意变化。

B. 向心式发射

这是与离心式发射相反方向的发射骨骼，其发射点在外部，发射线从周围向中心发射的一种构成形式。

C. 多心式发射

它指基本形以多个中心为发射点，形成丰富的发射集团。它往往有一个主要发射点，辅以其他次要发射点。主发射中心依靠发射骨骼线同其他次要的发射点相连接，构成紧密的联系，使画面产生强烈的动感，构成极强的空间视觉效果。

D. 同心式发射

这种构成是以某个发射点为中心，发射线成封闭环状的发射形式。

E. 螺旋式发射

它是以螺旋式的发射骨骼和与之相适应的基本形所构成的发射形式。旋转的基本形逐渐扩大，产生视觉上的运动和变化，其构成形式生动、活泼。

④近似

近似是指形象之间不是完全一样，而是在某些因素上有共同的特征，因此表现出统一而生动的效果。近似的程度有很大的灵活性，相同的因素越多，效果就越统一，反之则产生的对比效果越强。近似与重复相比较，重复容易使画面产生统一感，而近似可以在统一中求变化。生活中这样的规律很常见，海滩上的石子大多相似，但不可能绝对相同。

近似构成手法比较灵活、多变，富有较强的趣味性，它不像重复构成那样机械、严谨，而是更加生动活泼。近似构成要注意求大同、存小异，使大部分因素相同，小部分相异，方能取得既统一又富于变化的观感。

A. 骨骼近似构成

骨骼近似的构成即单元骨骼发生变化后，基本形随骨骼的变化做相应的调整而构成的新形式。将骨骼单位的大小和形状进行一定的改变，可以使重复稳定的基本形显得活泼而富有变化。

B. 形状近似构成

形状近似构成即单元骨骼不发生变化，而以一个基本形为原始依据，并在此基础上对其进行大小、色彩、方向、角度、肌理、相加、相减的变化，形成形状近似的效果。

形状的变化要把握一定的限度，变化较小会与重复构成相同，变化太大则无近似美感，产生杂乱、不完整的视觉效果。

近似在设计中的应用比重复常见。近似既具有重复的统一感，又有局部的变化，容易产生协调又富于变化的视觉整体形象。

有时候以上几种形式是放在一起使用的。例如，在重复的骨骼中放上一些渐变的形状，或者是同心发射和离心发射放到一起使用等。

（2）半规律性骨骼

半规律性的骨骼通常都属于在规律性骨骼基础上稍作轻微不规则的变化。这种骨骼有时候是形态或者色彩的形成发生突变，造成非常强烈的对比；有时候则三五成群，斑斑点点，画面活泼有趣。

（3）非规律性骨骼

非规律性的骨骼通常没有骨骼线，形象的编排大多十分自由，如均衡、各种形式的密集等。

4. 美学表达

（1）对称与均衡

①对称

对称是人类最熟悉的表现形式之一，不管是大自然中的动物、植物，还是人类创造出来的建筑、器皿等，很大程度上都是对称的。

中国古代的建筑造型，那些非常壮丽的宫殿、恢宏的庙宇，全都严格地遵循了对称的基本规律。古希腊、古罗马时期的建筑也是以对称为主。而对称的这一形式所能够透露出来的是一种十分威严的气势，其庄重的氛围、严谨的风格是其他任何形式都不能比拟的。

在平面设计中，对称形式会用在一些大型的活动主题或者相对比较重要的场合之中。如报纸中比较严肃的新闻编排设计，书籍装帧中字典、辞海等一些常见工具书的设计。

对称的图形通常具有一种统一、大方、协调、安定的静态美感，但是也有一些相对单调、呆板的缺点，因此适度的变化是很有必要的。在设计过程中常常使中心适度偏移或者使对称双方在形状、色彩、大小等多个方面上稍加变动，以便形成一种既端庄大方又富有变化的构图，即“相对对称”。

在视觉传达设计过程中，更多的是采用这种“相对对称”的形式。

“相对对称”还能够允许出现更多的变化。在视觉元素中出现的形状、大小、色彩、肌理等方面和在关系元素中出现的位置、方向、重心等方面，都能够做适当的变化。等形不等量、等形不等色、等色不等形，或者是位置、方向、重心稍作偏移等，都能够很好地获得完美的“相对对称”的构图。这种感觉上的“对称”不同于“实质性对称”，不仅具有稳定大方的特征，还富有变化，因此成为广告、报纸、书籍封面设计中最常用的一种形式。

②均衡

均衡指在严谨的风格之中求得突破与变化，更加符合人们追求进步和更新、灵活和进取的现代审美观点。所有的建筑、产品造型、雕塑等往往都达到了物理意义上的均衡。而在平面造型的艺术设计过程中，这种均衡都属于一种心理层面的均衡，即幻觉层面的均衡。

均衡往往是通过整体性、综合性才能够得到的。这种均衡的能力往往是一个设计师所必需具备的基本素质。绘画的基础训练过程中的大量练习（主要包括素描、彩画、速写等）对培养均衡能力是十分必要的。一开始慢一点摸索，反复进行练习，之后感觉器官就会变得越来越敏锐，能在极短的时间之内发现画面存在的问题，进而把它调整好。

（2）节奏与韵律

①节奏

节奏在音乐中是指交替出现的有规律的强弱、长短的现象；而在视觉传达设计中则主要指一系列视觉要素遵循一定的条理与秩序而不断进行重复排列，以形成律动的形式。有规律与重复是节奏能够产生的一个必要条件。在视觉传达中，节奏的运用能够极大地增强画面的视觉效应，进而充分加强作品的时间性概念，产生一种纵深感与哲理性；还能够对视觉和构成形态形成多次重复，最终可以很好地帮助作者表达出设计的意图。节奏属于典型的秩序，节奏之美就属于秩序之美。

人们在努力追求秩序、创造秩序，并且将美的秩序转化成为可见的视觉形象。这种视觉形象充分体现出每一个民族对于万物的高度赞美，也可以作为一种赏心悦目的艺术品代代流传。随着现代人审美能力的不断提高，设计逐渐变得更加重要，艺术设计美学的原则也变得更为复杂，但是也更加能够充分地体现出人类对于秩序之美的探索和应用。

节奏这一具有非常典型的时间感的用语，一般情况下，都能在构成设计的时候充分体现出来。它主要是指采用同一种视觉要素进行连续重复的时候所形成的运动感。重复与节奏通常是不可分割的，因为节奏是重复的结果。而把画面的各部分进行连接组合在一起，即把一幅作品组合成为一个统一的整体，也可以形成节奏之感。在造型艺术的设计过程中，节奏感一般能表现出形象的排列与组织动势。从大到小或从小到大、由曲到直或由直到曲等排列，都会形成典型的节奏。各艺术门类在语言层面都存在极大的不同，但艺术形式的规律往往是相通的。

②韵律

韵律在诗词中指平仄格式和押韵规则。而在平面构成中，单纯的单元组合重复易于单调，由有规则变化的形象或色群间以数比、等比的规律进行排列，可以使平面构成产生一定的旋律感。这种旋律感就是平面构成的韵律。有韵律的构成可以令人感受到积极的活力和独特的魅力。

（3）对比与统一

对比可以很好地提高设计的冲击力与注目度。在运用对比进行设计的过程中，一定要充分注意画面中的某些因素具有统一其他诸多因素的作用，以便弱化各种因素之间存在的不必要的竞争关系。通常而言，画面达到统一主要分为两种形式：一种主要是以多数驾驭少数而达成的统一；另一种主要是以一种特异而引人注目的方式，产生可以控制整个画面的重要作用而具有的统一感。这两种形式并不一定是相互消解的，有时可能是相辅相成的。在设计过程中，两种形式始终都是以整体的视野进行观察，寻找造型的类同要素，并且会有序地组织，以便获得一种统一的观感。在平面设计过程中，我们不仅需要依靠对比的原理激发作品中的生命活力，还需要适宜的统一性让作品获得和谐的照应。因此，对比构成始终都会把统一当作求得和谐过程中十分重要的支柱和前提。

在设计构成中存在的各种要素，包括形态、色彩、质地、空间等，相互之间的关系都令人感觉非常协调时，我们就能够充分感受到作品的高度统一性。对设计而言，各种美感要素之间需要遵循的统一原理也是非常多的。统一属于一种富有秩序的安排，也属于设计对整体美感进行把握的重要方法与意图。

统一原理基本上是同和谐紧密相关的。在设计表现过程中充分强调统一的相对性往往存在着极为重要的美学意义，就好像古希腊哲学家赫拉克利特所说："自然是由联合对立物造成最初和谐的，而不是由联合同类的东西。艺术同样也是这样造成和谐的。"① 由此可以看出，统一通常会导致和谐，但是和谐则需要产生差异的对立。平面设计过程中的统一原理往往是以一种相对立的原理作为其基本的前提，进一步去追求作品的统一，实际上这也是追求对比之中的和谐关系。

（4）色彩与肌理

①色彩

A. 色彩表现

色彩通常属于视觉传达设计过程中一个重要的因素。色相、明度、纯度往往是人们认识色彩的极为重要的三个尺度，而对比则属于色彩美学中的核心要素。在视觉传达设计过程之中，所有的色彩必须要在一个较为统一的整体中相配，才可以进一步形成一种既对立又相对和谐的色彩体系。这样的色彩魅力通常都会通过对比才能够真正显现出来。换言之，和谐实际上是以对比作为主要尺度的，而对比往往也以和谐为限度。由此可知，视觉传达过程中的配色规律，实际上也会相应地遵循这种法则。

一幅广告可能比较倾向于温暖，还可能比较倾向于明朗活泼。不同的色彩能够给人们造成不同的印象，而多种色彩混合或搭配会形成一种总体印象，这种总体印象就是色彩倾向。如果色彩倾向运用得合理恰当，将会对广告主题产生极大的烘托作用，能让消费者更容易接受。在设计过程中，我们首先需要考虑的就是产品与不同色彩的适配程度和产品受众对不同色彩的喜恶，以此去决定色彩的总体配置情况。如少儿产品，选用的色彩对比度应比较大，同时色彩的纯度要高；

---

① 王红箫．中国原创性曲艺理论话语的辩证统一思想阐释[J]．曲艺，2021(10)：34—38．

对于适老产品而言，其色彩选择应该是饱和度较低，色调相对柔和。

虽然视觉传达设计大多是多色的组合，但是想要达到总体的效果，就必须有一种颜色作为主色，否则的话，会显得比较乱，对视觉的冲击力也会降低。当然，创造出一个比较理想的色彩效果其关键就在于对色彩选择和配置方面的运用。

主体和背景之间的关系其实是既矛盾又统一的关系。在画面中，不仅要有商品主体的形象，同时还要有起衬托作用的背景设计。在色彩关系的处理过程中，对比手法的运用还是较为常见的。

B. 色彩平衡

色彩通常具有浓淡、强弱、轻重等多种视觉感受，这对于色彩面积的大小起到十分重要的作用。一般来说，暖色、色彩度相对比较高的颜色和冷色、浊色形成一种典型的对比关系时，前者的面积越小，就会越容易获得一种视觉层面的平衡。

C. 色彩的亮点

色彩的亮点通常是为了进一步强调其中的某个部分，它可以更加突出画面的重点部分，发挥出色彩的视觉冲击作用。亮点一般都是采用一种相对比较小的面积。

D. 色彩感情规律

色彩通常可以表现出人的感情，这在现代社会已经是一个不争的事实了。不可否认的一点是，色彩的情感表现在很大程度上是依靠人的联想来进一步获得的。色彩的象征其实就是色彩联想和情感的深层作用形成的结果，如红色主要代表热情、温暖，而绿色往往代表和平、健康等。虽然上述色彩所代表的是不同的象征，但色彩的象征具有一定的普遍性，同时这种普遍性还处于一种持续不断的变化之中。在设计中充分利用色彩的象征，可以发挥出重要的作用。

②肌理

肌理是设计中重要的视觉元素之一。任何形象的表面都有其特征，可能是光滑的或粗糙的，可能是纹理朴素的或具装饰性的。这些特征凭视觉可看见的，称为视觉肌理；可从触觉感应的，称为触觉肌理。

A. 肌理的种类

在视觉传达领域，有越来越多的肌理表现手法获得了很好的应用。从总体上来看，它可以分为两大类型，也就是视觉肌理与触觉肌理。

a. 视觉肌理

视觉肌理通常指不需要用手进行触摸，也无需使用身体的其他肌肤部位接触，只需要使用视觉观察就可以很好地感觉到的肌理形式。一般来看，不同的肌理具有不同的线条组织进行表达。因此，要依据想要表现的物品所具有的不同肌理、质感等，有针对性地选择各种完全不同的表现工具、材料和表现方法。

b. 触觉肌理

触觉肌理是指既能够使用眼睛观察到，同时还可以通过触摸感受到肌理形式。其设计的效果大体上相当于立体设计过程中的浅浮雕。

B. 肌理的产生

a. 物质结构与肌理

物质的内部构造和组织构成了物质的表面肌理，物质内在的属性及客观性同样也进一步决定了物质肌理的不同形态。物质的组织和结构，经历了从无机到有机、由简单到复杂、由单一细胞到多种复杂物种变化的发展过程。这些组织和结构的变化结果同样也能够直接体现于物质表面的肌理上。生物界的肌理同样也是其组织在形态层面的一种直接反映，生物的细胞组织、基因和遗传创造出了肌理的形态。在自然界之中，肌理同时还属于自然选择与优胜劣汰的直接结果。植物肌理的形态能体现出其自身的生存方式，如叶子上布满叶脉，这是为了能够吸收养料而形成的。地质面貌的肌理是由于气候条件的影响而形成的，如由于热带雨林气候温暖潮湿，土壤和植被呈现出来的是一种繁复细密的肌理；而由于沙漠气候比较炎热干燥，土壤非常稀少且不易储藏水分，呈现出的是一种十分苍凉的肌理。

B. 外力的作用与肌理

物体在遭受外力作用时，也能够呈现出各种完全不同的肌理形式，其中主要包括由自然力所形成的肌理、物理与化学变化所形成的肌理、人为创造出来的肌理等形式。物体在遭受到外界自然力作用（如风、雨、阳光等）的过程中会出现形态方面的变化，进而导致肌理发生显著的变化。物理与化学的作用同样也可以导致物体出现肌理上的变化，不但自然界中的物体能够通过物理或者化学变化作用形成各种各样的肌理，在人工材料的处理上同样也能够出现物理或者化学的变化所形成的各种各样的肌理形式。人为创造出来的肌理通常是指人直接或者使用各种工具所产生的各种肌理上的变化。

C. 肌理的拼合

将多个视觉肌理拼合在一起，属于拼贴的一种基本手法。任何平面物料或现成意象都可以拼贴在同一表面上，以构成新的意象，这种手法叫集拼。

覆叠性的集拼往往是把不透明的意象叠合为一体，但是当意象在透明空间中进行层叠的时候，就可能会产生一种比较复杂的视觉效果。

二、文化创意产品设计的创意表现

（一）文化表现

对于每个人而言，文化似乎是一种耳熟能详的概念，如人们讨论古代事物时的玛雅文化、古印度文化，与人们日常生活息息相关的饮食文化、酒文化，甚至地铁文化等。人们无法像把握客观存在的具体事物，如“苹果”“水杯”“手机”等一样，深刻洞察文化。这是因为文化是一个抽象词汇，无法找到对应的客观物体。同时我们也不能罗列一些“性质”词来描述它的属性。虽然北京的故宫、西安的大雁塔、巴黎的卢浮宫、伦敦的白金汉宫、中国的筷子、西方的刀叉等都属于文化的范畴，但是这并不意味着文化是一个集合名词，如果那样，文化便成为一个人类历史所创造的一切事物的杂货铺。

文化的英文为“culture”，这个单词还有培育、种植的意思，即可以理解为文化通过多种方式，提高人们的综合素养，使之脱离原始蒙昧的状态。在中国，文化被视为“人文教化”，其核心在于以全体民众为教化对象，以语言文字为载体，使人们的精神活动和物质活动处于道德伦理和法律限定的范围内，并将其传承、传播，使之在更大范围内得到接受和认可。如上所述，文化包含三个层面的内容：一是器物，二是制度，三是文化。而文化创意产品正是以器物为媒介来展现制度和观念的。当前现代文化主义设计同质化趋势越发凸显，甚至出现了千篇一律的倾向。文化设计产品为追求国际风格也呈现出了高度的一致性，从而导致世界各地固有的文化和生活方式逐渐消失。地域文化和特定生活方式是生活于此的居民在社会实践中形成的特定产物，是劳动人民的结晶，是历史的积淀，是一种“记忆”和“文脉”。随着时代的进步，地域文化的传承和保护成为社会各界探讨的重点问题。越来越多的国家和地区对于地域文化给予了高度重视。在世界经济全球化的时代背景下，人们对世界文化与地域文化的关系进行了重新审视，将更多的精力投入本社会文化的研究中，更加关注本民族的社会文化意义，并将其融入产品中，从而在器物层面上形成一种对过去生活方式的记忆。

文化创意产品中的文化要素有两个维度构成，其中一个维度是纵向的历史性文化延续。历史性文化听上去有些拗口，为了便于理解，研究人员称其为文脉。英语中和文脉含义相近的词语是“context”，其本意指文学中的上下文。语文学家通常用“语境”来指代，即使用语言所呈现的情境和前言后语，还可以引申为一事物在时间上与其他事物的关系。在设计中，也有学者认为将“context”翻译成“文脉”更加准确。因为在他看来，设计过程就是文化传承的过程。文化创意产品中的文化要素能够满足人们对于过往的追忆，从而得到心灵上的慰藉。这就如同当城市逐渐兴起，人们离开祖祖辈辈生活和耕耘的土地，住进单元公寓房，但是人们没有忘记土地及耕种的生活方式。人们总爱在阳台上放几个花盆，费尽心思地弄来土壤，种上花草或辣椒、小葱、大蒜等。这就是“种植文化”的残存，残留在人们的血脉之中，一有机会就会发芽。另一个维度是横向的区域性文化传承。20 世纪后半叶，很多设计研究机构及设计公司开始从社会学科中寻找信息和方法，以找到用户与产品的联系，使产品能够传承特定区域的文化，能在产品中反映出特定区域的社会环境、文化背景、知识体系和生活经验等。

（二）创意表现

创意在英文中表达为“idea”和“creativity”，所对应的汉语意思为创造一种新事物或提出相关的“点子”“想法”和“理念”等。就文化创意产品中的创意而言，其主要是指：依据文化进行创新思维的加工，设计和生产出满足消费者精神和文化需求的产品。所以，文化创意产品中的文化并不是对传统既有文化的一种照搬和简单地复制，而是通过一定经济意识对传统物质文化和精神文化进行再创造，从而适应现代人们的生活方式和审美情趣。

文化创意产品正是通过创意将文化要素融入功能与实用性中，成为可供使用和欣赏的产品。这里的创意与产品设计中的创意有所区别，它更侧重于文化的创意。文化创意产品的创意不单是满足产品的实用功能，更多地是以巧妙的设计、创新、灵感将文化融入产品感性形式及其使用过程之中，使人们在紧张工作之余得以舒缓压力，增加工作和生活的乐趣。

（三）体验表现

文化创意产品除了具有有形的价值以外，还具有无形的体验价值。它如同一幅油画，除了能够让观者产生视觉上的愉悦，还能获得某种体验性心理感受。这种体验性心理感受依据每个人的经历不同而有所不同，因此，它具有潜在性和不确定性的特点。正是因为这种潜在性和不确定性，文化创意产品才更具魅力。

所谓体验，意指出于好奇而尝试事物，进而感悟人生并留下印象。这种心理感受能使我们感受到现实中的真实，并在大脑中浮现出深刻的影像，促使我们回忆起深刻的生命瞬间，从而对未来有所感悟。

（四）符号表现

象征是人类独有的行为，主要指用具体的事物来表示某种抽象的概念或思想感情的方式，一般通过使用象征符号来实现象征意义的表达。创造符号是人类与动物的重要区别之一。特别是在人类进入大众传播时代以后，以报纸、杂志、广播、电视、网络等为代表的现代大众传媒，运用先进的传播技术和产业化的手段，每时每刻向人们进行大规模的信息生产和传播活动，使我们的生活环境到处都充满着象征性符号。比如，某人穿了一身蜘蛛侠的衣服，这套服装不仅有蔽体保暖的功能，更重要的是它能表明其对于《蜘蛛侠》电影的态度。

（五）审美表达

“美”可能是一种感官的愉悦或生理的满足，也可能是一种赞赏心态的流露或个人趣味的偏好。而文化创意产品的审美更侧重于后者，是人们物质生活水平达到一定高度之后，人类有目的、有意识地对“真、善、美”的追求。这种追求是以“感性”作为中介，脱离了那种基于物质与利害关系的理性判断，从而真正回归到关于生活意义和生命价值的自我意识的彰显。

文化创意产品的审美要素主要包含以下两个方面：

第一，形式艺术美。文化创意产品的审美离不开感性因素。由点、线、体、色彩等构成了文化创意产品的形式，这些形式构成关系的艺术性能够与观者内心深处的节奏、韵律、比例、尺度、对称、均衡、对比、协调、变化、统一等形成一种同构关系。这种直观感受与内心情感的同构产生移情，从而使产品的趣味与消费者的审美理想相融合。

第二，功能材料美。文化创意产品的审美离不开功能材料的合目的性。文化创意产品的功能材料美是指产品给人的舒适感和心理满足感，与产品的功能实用性等物质层面相区别，是一种审美价值的表现。

第二章　文化创意产品的设计类型

本章的主要内容为文化创意产品的设计类型，详细介绍了源于传统文化的文创产品设计、博物馆的文创产品设计、有 IP 引导的文创产品设计、文旅融合下的旅游文创产品设计。

第一节　源于传统文化的文创产品设计

所谓传统文化，是指由文明演化汇集成的一种反映民族特质和风貌的文化，是各种思想文化、观念形态的总体表现。世界各地、各民族都有自己的传统文化，本部分所述传统文化均指中国传统文化。传统文化丰富的艺术手法和形式有着深沉、恢宏、灵秀、简约、质朴和精致等多种特点。将传统文化中的优秀形式及元素应用于创意产品的设计中，既可以增加产品内涵，又可以提升产品品位。文创产品设计中应用的传统文化元素来源按照一定的文化分类方式，可以分为物质文化和非物质文化两部分。

一、以物质文化为创意来源的文创产品设计

物质文化是有形的，如园林建筑、景观、服饰、历史文物等实质物体。随着旅游业的发展，各地的历史建筑已经成为文创产品设计的重要创意来源。

中国江南地区的园林文化历史极其丰厚，具有众多可塑的文化元素，吸引了无数中外游客。然而，很多江南园林景点售卖的文创产品缺少自身特色和文化传承，衍生产品形式单一，缺乏创新。

以拙政园为例，其文化也可分为物质文化和非物质文化两个方面。在进行文化元素选择的时候，最值得从园林文化内容主题中提取并融入文创产品中的典型文化元素无疑是园林中的建筑元素，这是最能够体现其独有的精神风貌和地域特

色的文化元素。在此基础上，文创产品设计可以跳出园林文化文创产品中常见的载体（如明信片）等，去选择其他形式，更能让产品兼具装饰性和功能性。

如图 2–1–1 所示，该文创产品的创意来源于苏式花窗和中国画中的留白创作手法，利用苏式花窗的镂空形式设计了一组木器灯具产品。台灯还配置了一个亚克力小容器，消费者既可以在小容器中栽种迷你植物，也可把它当作收纳盒。这组文创产品可以让消费者体验到自己动手制作的乐趣，同时又延续了花窗在园林中的空间感，使消费者透过灯具的花窗设计仿佛身临其境看到了园林里的花草树木，同系列不同款式的夜灯增加了消费者的购物选择。

图 2-1-1　木器系列设计之灯 · 纳

如图 2–1–2 所示的文创产品则是从苏州园林的众多建筑元素中挑选了具有代表性的月洞门、花窗等进行图形的提炼，然后以提炼后的基本图形进行收纳盒的设计，以榉木和黄铜为材料，形成质感的对比。消费者可以随四季物候的变化，放置不同的办公用品、首饰等物品，突出其实用性。

此外，苏州园林中的飞檐翘角也是中国园林建筑艺术的重要表现部分，其外观多呈现为曲线或曲面，造型多变，或端庄、或轻盈；其色彩和皇家园林建筑金碧辉煌的色彩形成强烈的对比，在大片白粉墙的映衬下，黑灰色的小青瓦屋顶、栗色或深灰色的木梁架，给人带来淡雅、幽静的感觉。如图 2–1–3 所示的创意书签就是选取四大园林之一的留园里的三个具有特色的屋顶，作为书签设计的文化元素。书签的银色金属部分和黑色釉料填色部分共同打造出江南园林粉墙黛瓦的特征，点画其上的绿色让产品整体呈现出江南的柔美。书签下端加上了从园林木

质结构中提炼出的图形，使整套产品形成一组统一而又各具特色的系列书签。

江南园林是中华民族优秀的文化遗产，如何让园林文化“鲜活”“灵动”“行走”起来，园林主题的文创产品将起到重要的作用。它们将为扩张园林文化的影响力增添动力，使园林不再只是矗立不动的千年宅院。

如果说江南园林包含着江南地区特有的文化元素，同时也是苏州这座拥有2500年历史的古城的重要文化元素，那么兵马俑和城墙就是西安这个十三朝古都众多文化内容中的重要文化元素。

子曰：“非礼勿视，非礼勿听，非礼勿言，非礼勿动。”短短16个字集中反映了孔子对“仁”的理解，体现了中国礼仪之邦的优良传统。陕西文物复仿制品开发有限公司根据孔子这句简短的话语，结合秦始皇兵马俑的基本形象，设计了“兵兵有礼”系列憨态可掬的文创产品，如图2–1–4所示。该产品中的卡通人物用手捂着眼睛、耳朵、嘴巴，或者双手背后，通过萌萌的动作诠释“非礼勿视，非礼勿听，非礼勿言，非礼勿动”的理念，并以此为基本形象设计了杯子、本子、卡通冰糕模等一系列文创产品。

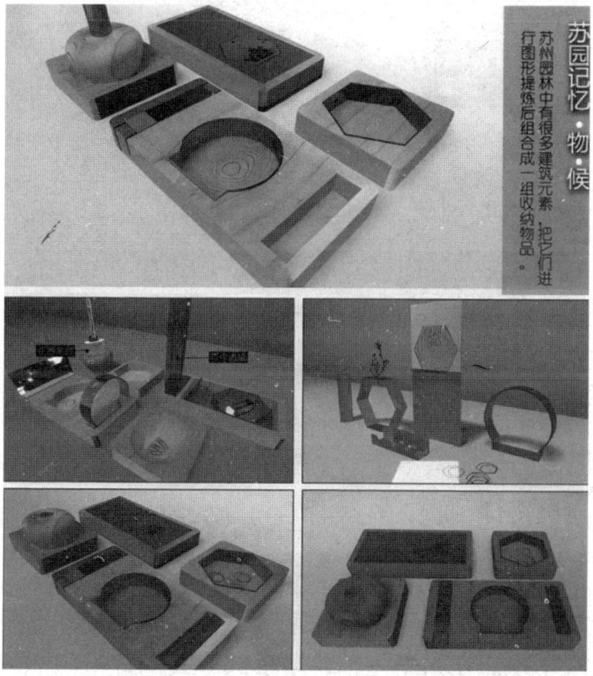

图 2-1-2　苏园记忆·物·候

图 2-1-3 “苏檐”创意书签

图 2-1-4 “兵兵有礼”主题文创产品

同样是从中国传统建筑文化内容中提取元素，江南园林吸引人的是它的柔美，西安城墙吸引人的则是它自带的厚重历史。位于西安城墙上的一个主题旅游纪念

品商店里主要的文创产品都是基于再设计的城墙图形进行开发的，包括绘有城墙图案的帆布包、明信片、永宁门纸模、城楼便签台、城楼剪影烛台（如图 2-1-5 所示）等。

图 2-1-5　城楼剪影烛台

不管社会如何发展，衣食住行都是人们生活的基本需求。汉服衍生出的文创产品也是众多消费者所关注和喜爱的类型。汉服是中国汉族的传统民族服饰，其历史可追溯到上古时期。一直到明代，汉族都保持着服饰的基本特征，这一时期汉族所穿的服饰被称为汉服。汉服最能体现汉族人儒雅内秀、神采俊逸、雍容华贵、美丽端庄的气质。汉服不是一件简单的衣服，它浓缩了各种复杂的传统工艺，如蜡染、夹缬、刺绣等。因此，可以从汉服上提取的文化元素非常多。

如果想更好地传承汉服，一方面要保持汉服的一些基本特征，另一方面也应该符合现代人生活习惯，不能被形式所束缚。以文创产品的定义为评判标准，改良汉服也属于文创商品，并且其被接受的程度远高于原汁原味的汉服，在很多景区都有售卖改良汉服的店铺。改良汉服是一个让年轻人迅速接受汉服文化的方法，魏晋风汉服的大袖非常不符合现代人的生活习惯，因此在延续汉服基本特征的前提下可以不断创新，如把袖口缩小。

但是，对于以汉服图案为主要文化元素的创意设计，则要尽量保留汉服的原有特征。如图 2-1-6，这些文创产品以唐代服饰文化元素为基础，先进行汉服娃娃的图形设计，然后将图形设计应用在各种产品上，既可以是手机壳，也可以是抱枕、杯子等。

图 2-1-6　汉服卡通人物衍生的手机壳和抱枕

当然，也可以从汉服款式图中提取部分文化元素融入产品中，如图 2-1-7 所示，该文创产品将汉服的衣领元素融入书衣之中，来实现汉服文化内容的表达和传递。

图 2-1-7　文创书衣

对于设计人员而言，物质文化是文创产品设计的源泉，大多数具有艺术魅力的文创产品都是受物质文化的启发进而创作出来的。这是因为物质文化本身具有丰富多彩的造型和图形，是设计师源源不断的创意来源。大部分物质文化都是古代劳动人民在社会实践中创造出来，用以提高生产力、改善生活方式的具体客观的实物，具有显著的实用性特征。而文创产品最明显的特质是艺术性，导致很多设计师在设计文创产品时经常会陷入一个误区：他们过于强调文创作品的艺术

性，而忽略了其实用性，将实用性的物品单纯转变为视觉化的物品，从而使文创产品陷入难以传承的尴尬境地。由此可知，文创产品要具备实用性，只有与人们的日常生活息息相关，成为人们的生活习惯，才能自然而然地实现传承文化的目的。

二、以非物质文化为创意来源的文创产品设计

非物质文化主要是指那些非物质形态的、有艺术和历史价值的文化内容，是人类在社会历史实践过程中所创造的各种精神文化，如吉祥文化、传统工艺、戏曲、节令民俗等。

（一）以吉祥文化为创意来源的文创产品设计

中华文明源远流长，其孕育的吉祥文化与人民的日常生活息息相关。纵观吉祥文化的发展历程，虽然古代人和现代人祈求美好事物的方式并不相同，但是二者都以共同的吉祥观为内涵，以传统民俗为形式，通过应用多种多样的传统工艺，创作出形式各异、蕴含人们对于美好生活期许的吉祥物品、吉祥纹样等。

早在一万多年前，汉族的先民们已开始在中原地区定居，创造了绚烂的新石器文化。例如，考古学家在裴李岗挖掘出了大量新石器时代的陶器，有的陶器上绘有陶文，将“日”和“月”连成一圈组成装饰图案。又例如，考古学家在西安半坡挖掘出了新石器时代的彩陶，有的陶器上绘有多种形式的人面、鱼等花纹。虽然裴李岗遗址与半坡遗址所处区域不同，但它们都显示了我国原始先民对于吉祥文化的推崇。随着时间的推移，这种吉祥观沿袭到后人的思维习惯中，深刻影响着整个中华民族的风俗习惯。

1. 吉祥文化的驱动作用

在中国人久远的生活实践中，“吉”与“祥”这两个字就是一种情感驱动符号，驱使着消费者认同其所承载和附着的产品，从而使消费者愿意购买相关的各种类型的文创产品，在情感上驱动消费者去感受产品中包含的文化创意设计。在苏州桃花坞木刻年画文创产品中，最受消费者喜爱的产品是“一团和气”的年画。同“吉”字一样，“和”字也是吉祥文化元素中最能触动消费者情感的字。“和”代表着和气、和睦、和谐，强调“以和为贵”“和气致祥”。吉祥文化不单是其他传

统文化推广的驱动力，同样也是地域文化的活化剂，让具有差异性的地域文化借助吉祥文化重新融入人们的生活，进而促进地区文化创意产业的发展。

2. 基于吉祥文化的文创产品设计

想要基于吉祥文化进行文创产品设计必须先了解其语义和表达方式。吉祥文化的内容都不是直表其意，而是寓意于其他形象之中。寓意手法通常被归结为三类：一是象征，如石榴只是一种植物，因为其种子很多，所以象征着多子；二是谐音，如以具象的“蝠”表示“福”；三是表号，它既是某种形象的简略化，也是一种约定俗成的象征性代号，如由八仙的八件法宝组合而成的图案称为“暗八仙”。因此，基于吉祥文化的文创产品设计首先要从吉祥的表达方式入手，再结合恰当的载体进行创意设计，才能准确地传播包含吉祥文化在内的传统文化。

3. 应用象征手法来进行文创产品设计

如图 2–1–8，该文创产品应用花窗元素，将苏州拙政园中花窗的图案与银饰工艺结合进行首饰设计。但是，图案的选择并不是随意地从花窗中提取的，而是在对花窗中蕴含的吉祥图案进行调研和分析后才做出的选择。此款银饰的花窗图案来自栀子花纹的花窗，如图 2–1–9 所示，栀子形的六个花瓣似如意纹，中心如嵌两支万年青，整个花窗象征吉祥如意、万年长青。

图 2-1-8　拙政园花窗主题银饰

图 2-1-9　拙政园的栀子花纹花窗

花窗不仅使园林内的景色显得通透鲜活，更重要的是花窗中千变万化的图案雅俗并存，使得地域性的士大夫文化、民俗文化和吉祥文化相互交错，编织出丰富的文化资源。因此，这些主题银饰传达的不单是吉祥文化还有更多包含其中的内涵。

再如图 2-1-10 所示，整组陶瓷茶杯的设计借用了谐音“喜上眉梢”来表达吉祥的寓意，杯盖和杯身巧妙地将词组中的文字进行分割，当人们完成将杯盖放回杯身的行为时，即完成了吉祥的表达。

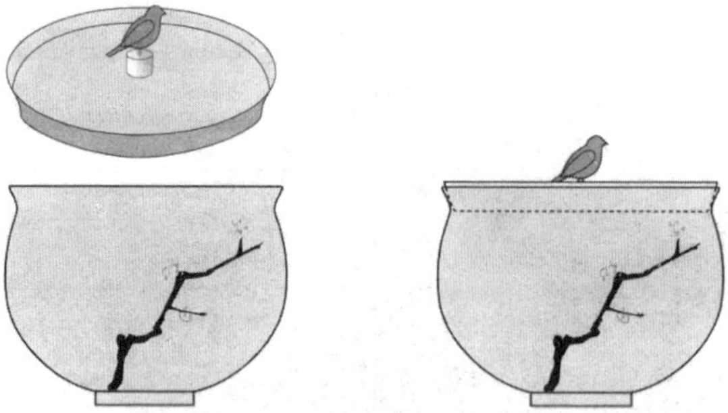

图 2-1-10　喜上眉梢陶瓷茶杯

这种以行为为媒介完成吉祥表达的方式，一直存在于吉祥文化中。“千门万户曈曈日，总把新桃换旧符”，古人过年时倒贴福字（寓意“福到”）就是以行为来表达吉祥的一种方式，也是吉祥观的体现。所以当支付宝重新给贴福行为换了一种体验方式时，人们对它的热情没有丝毫减退，反而因其更加贴近生活的玩法而广受欢迎。所以，虽然仅应用谐音图形符号也可以完成吉祥文化的应用，但是我们的设计不应局限在单一的载体之中，应使其更贴近生活，更具有实用性。

（二）以传统工艺为创意来源的文创产品设计

传统工艺指采用天然材料制作，具有鲜明的民族风格和地方特色的工艺种类和技艺。比如潍坊的风筝制作工艺、天津的泥人张彩塑工艺、苏州的苏绣工艺以及难以以地域来划分的剪纸、漆艺、陶瓷、扎染等工艺，这些传统工艺是历史和文化的载体。现在，设计师也需要为这些传统工艺寻找合适的载体进行创新设计，传承其所承载的历史与文化。

不同的传统工艺类别也要考虑其所具有的特点，使其与实际生活和消费者需求结合起来，通过创意设计激活其新的生命力。

1. 剪纸

作为中华民族广泛流传的非物质文化遗产之一的剪纸，不仅是一种民间工艺和装饰艺术形式，更是一种具有深厚历史底蕴和文化内涵的珍贵遗产。它与人们的日常生活有着千丝万缕的联系，从原始社会到现在都有其存在的历史。我国目前发现的最早的剪纸作品是在新疆吐鲁番火焰山附近出土的北朝时期的五幅团花剪纸。然而学者们推测剪纸的起源可能更早。

随着时间的推移，剪纸作为一种传统工艺，其形式在不断演变。同时，随着纸张种类的日益丰富和机器雕刻工艺的不断发展，剪纸的形式和功能也得到了进一步的拓展。剪纸不应只是一种艺术形式，更要融入各行各业，成为传统文化传承的载体。这是社会的需求，也是人们日常生活中不可或缺的一部分。传统剪纸与传统民俗有着密不可分的关系。尽管国家的保护政策使得以剪纸为代表的传统民俗工艺得以在更大范围内传播，对于传统工艺的传承有着积极意义，但是在市场经济条件下，市场才是检验产品的试金石，任何一种工艺门类只有结合社会的需求，不断创新，才能具有鲜活的生命力，方能经久不衰。

现阶段，设计师在设计以剪纸为主题的文创产品时多从传统图形中汲取灵感，运用单层传统剪纸装饰画的形态，巧妙地嵌入各种镜框之中，或是附着于文具、布艺等载体之上。剪纸的传统图案是备受欢迎的视觉元素，蕴含着吉祥的寓意，采用大红色宣纸为材料，保留了其卓越的传统特性。

对于剪纸这一历经千年的非物质文化遗产，还有更多创意形式可以应用在文创产品中，设计师可以运用其特有的魅力进行文创产品的设计，让更多的人了解剪纸艺术。

2. 漆艺

传统漆艺产品主要以艺术品和工艺品的方式呈现。漆艺艺术品多针对高端市场，以艺术家个人风格为主体，但由于受众群体的审美与欣赏水平的不同，此类艺术品大多只在小众群体内流行，需求数量与市场限制了漆艺的推广。以此为鉴，设计师将漆艺运用在文创产品设计中时，要摆脱纯装饰性的约束，融入人们的生活，尤其是年轻人的生活。让年轻消费者即文创产品的主力消费群体了解和接受漆艺语言的独特魅力，从而实现漆艺文化的推广，也为传统漆艺产业的再次发展开辟新的方向。如以漆艺为基础进行创意设计的手机壳（图 2−1−11）。

图 2-1-11　花卉主题漆艺手机壳

3. 绞胎陶瓷

绞胎陶瓷是中国古代陶瓷装饰工艺中特殊的品种，由于工艺复杂，制作难度大，其产品类型和产量在很大程度上都受到了限制。早在唐代，古人就开始研究绞胎陶瓷，但是宋代以后这种工艺便逐渐衰亡。到了现代，一些陶艺家们开始重新对绞胎陶瓷进行相关的研究与探索。

绞胎通常是用两种不同颜色的瓷土，像拧麻花一样将它们拧在一起制成新泥料，再拉坯成型，或切成片状，最后浇一层透明釉烧制而成。由于绞揉方式不同，纹理变化亦无穷。因此，运用绞胎工艺制作而成的产品存在一定的偶然因素，每一次的作品都是孤品，都带着“世上唯此一件”的属性，存在不可复制性。所以每次形成的纹样并不固定，有的像木材的年轮，有的像并列的羽毛，还有的像盛开的梅花等，这些精美的纹饰给人们以变化万千之感。

如图 2-1-12 所示的项链就是将绞胎陶瓷和现代银饰结合制作而成的首饰，两者的结合实现了传统绞胎陶瓷文化的传播，亦创新了传统绞胎陶瓷的设计与运用，使其以一种新的形态出现，更加符合年轻人的审美。每一件成品都要经过拉坯、打磨等几十道工序，充满着手作之美，而且不用担心遇见和自己佩戴相同首饰的人。

严格来说，包含传统工艺的产品不一定就是文创产品，区分的关键在于有没有对原有传统工艺的运用进行再设计。需要注意的是，创新并非割裂传统，而是要在保证传统工艺的精髓和本质“不变味”的前提下推陈出新。

图 2-1-12 绞胎陶瓷项链

基于非物质文化进行设计的文创产品并不局限于吉祥文化和传统工艺，与基于物质文化进行的文创产品设计相比，它有着更广阔的形态创意空间，但同时也增加了设计的难度，因为大多数情况下此类产品没有一个原形态实体进行参考。因此，基于非物质文化进行设计的文创产品一定要抓住文化元素的精髓。

第二节　博物馆的文创产品设计

2016 年前后，以故宫文创为首的博物馆文创的“出圈”给整个博物馆文创产业带来契机，随着 2016 年 5 月 11 日，文化和旅游部、国家发展和改革委员会、财政部、国家文物局《关于推动文化文物单位文化创意产品开发的若干意见》的出台，更是给了博物馆文创产业发展强大的助力。

目前，国内已有数千家博物馆、美术馆、纪念馆围绕自己的馆藏作品进行文创衍生品的开发。其中，故宫文创绝对是“人气之王”，也是博物馆文创产业的引领者。

一、故宫博物院文创

2013 年台北故宫博物院曾推出一款爆款产品——“朕知道了”纸胶带。该产品以康熙朱批“朕知道了”为文化元素，以纸胶带为载体。如此简单的产品，既没有特殊的造型，也没有新奇的功能，仅仅因为有趣便受到网友的喜爱。这件衍生品的走红也与当时清宫戏的爆红有很大关联，也证明了“让产品具有故事性”是文创产品有别于旅游纪念品的一个重要因素，也是吸引游客以外的消费群体的决定因素。

其实早在 2008 年北京故宫博物院就成立了“故宫文化创意中心”，还在淘宝开了店。但它初期的销售成绩并不理想。直到 2014 年，一组名为“雍正：感觉自己萌萌哒”的动态图片蹿红网络。北京故宫博物院通过数字技术让静态的雍正“活”了起来。图片以《雍正行乐图》为基础，图中的雍正或是松下抚琴，或是与猛虎搏斗，或是临河垂钓，再配上轻松活泼的文字说明。“萌萌哒”的皇帝形象让人们眼前一亮。

由此开始，北京故宫博物院开发的雍正语录的纸胶带、朝珠耳机、“帝后”书签、“奉旨出差”行李牌等一系列具有宫廷文化气息、好玩、实用、迎合市场的文创产品，一经推出，就受到了广大消费群体的追捧，给文创商店带来了可观的销量。

2013 年，北京故宫博物院对围绕故宫 IP 开发的文创产品提出了“三要素”原则，即元素性、故事性、传承性。元素性是指所有文创产品必须突出故宫的元素；故事性是指产品要能表达出其背后的故事；传承性是指产品以传播优秀的中国传统文化为出发点，让其与现代人的生活对接，从而让人感受并接受这种文化。

元素性代表着文化本身，故事性代表着文化表达方式的多样性，传承性代表着文创产品被设计的目的。

所以，设计趣味文化不是目的，而是一种创意手段，通过这种方式借由故事带来的流量实现有效的文化表达和传承，尤其要注意的是，趣味文化是健康、积极向上的，这也是博物馆文创产品的核心价值。虽然众口难调，各类消费群体对文化的需求程度不一样，如有对历史文化信息的准确性要求较高的，也有只喜欢有趣产品的，但长此以往，后者会背离文创产品设计的初衷。博物馆作为优秀传统文化的传播空间，一个很重要的功能就在于提升公众的审美力及其对文化的深层认知。

2018 年开播的热门综艺节目《上新了·故宫》中很好地分析了故宫文创产品的设计过程：有原汁原味的元素的选取，有故事真实性的考证，有文化传承最好载体的斟酌。这档节目为观众普及了蕴含在产品之中的文化元素和历史故事。

首期节目中，嘉宾们在故宫专家和专业设计师的陪同下，历经一天的发掘，推出了由三件单品组合成的“美什件”系列文创产品。

产品的设计从乾隆皇帝喜爱戏曲的故事开始，挖掘故事背后的众多文化元素。首先是倦勤斋的建筑特色，在倦勤斋内有一个小戏台，它是故宫博物院内最奢华、奇特的一处。通过倦勤斋内的家具与门窗上的竹子图案以及双面绣等精美的传统工艺，可以感受到在建造倦勤斋的时候，乾隆对江南有多痴迷。然后是“什件”这个文化元素。所谓什件是指古时贵族女子的潮流物件，古代女子会将随身小物件串联在一起佩戴在身上。什件最早可追溯到辽代。辽代陈国公主墓出土的玉佩饰，有六件饰物串联在一起，分别是玉制的剪、觽、锉、刀、锥、勺。最后，设计师将密藏在乾隆花园倦勤斋中的江南元素——通景画中的紫藤雀鸟、金丝楠木仿斑竹的竹形、双面绣上寓意吉祥如意的云纹，以及什件等文化元素进行融合，将彩妆产品作为载体完成“美什件”三件套的设计。

第二期节目中的文创产品是以吉祥文化为主打的“畅心睡眠”系列睡衣，依旧是和戏曲相关，这次主角从倦勤斋和什件换成了畅音阁和戏服。

产品的设计从看戏这项皇宫中主要的娱乐活动开始。每逢各种节日，如元旦、立春、上元、端午、七夕、中秋、重阳、冬至、除夕等，皇亲国戚都要在宫中看戏。畅音阁是紫禁城中最大的一座戏台，内有上、中、下三层戏台，上层称“福台”，中层称“禄台”，下层称“寿台”。在此演出的戏曲大多是吉祥神仙戏，整座戏台都透着吉祥气息，包括其内部的装饰和彩绘，天花板上的仙鹤、蝙蝠等纹样，如图 2-2-1 所示。

图 2-2-1　畅音阁

设计师将畅音阁天花板上的仙鹤纹样以及卷草纹木雕兽匾等吉祥意象融入设计之中，化乾隆时期的戏衣为现代睡衣，寓意为“蝠福，福如意；鹤贺，贺佳音”。将这样的睡衣穿在身上，内心不免觉得和吉祥有了关联。

第三期节目中的文创产品是日晷时钟，这是由一个“学霸”的故事开启的设计。故事的主角是康熙，他的勤勉好学令其洋人老师惊叹：“从未见过如此认真、聪明而且勤奋的人。”他研制西药、大胆研究解剖学等行为，让后人看到了他对自然科学的尊重与热爱，这种勤勉好学的优秀品德便是第一个文化元素。第二个元素则是日晷（如图 2-2-2 所示），日晷本义是指太阳的影子，后来成为古人的一种计时仪器。北京故宫太和殿中的赤道式日晷，其晷盘用汉白玉制成，随着太阳位置的变化，晷针影子在盘上移动一寸所花的时间称为“一寸光阴”，“一寸光阴一寸金”的成语就是由此而来的。前后两个文化元素都有着珍惜时光的内涵，设计师将日晷和日历相结合，将西洋的时钟与东方的日晷进行有效的碰撞与结合，以朝阳、晴空、星夜的颜色作为日历的主色调。创作出“日出而作”日晷计时器，意指康熙严谨的求学精神，也提醒着人们要珍惜时间。

图 2-2-2　日晷

在第五期节目中讲述了紫禁城中一位传奇母亲的故事。故事的关键人物是孝庄太后、顺治帝、董鄂妃；故事的关键事件有废后、《罪己诏》；故事的关键地点是保和殿；故事的关键物品为顺治帝的马鞍。这些关键点连起来就是一个复杂而漫长的故事，从孝庄太后因为顺治的婚姻问题而诱发的母子之间的矛盾，引出了一段顺治与董鄂妃的感情故事。

由于可以从中提取的文化元素不是那么明显和直接，于是设计师提炼了故事的内容，选择关键情景并定格在整套"紫禁·薰"香薰蜡烛系列产品之上。用盲盒的形式将整套香薰分为一组 6 个、4 个或 2 个香薰杯，揭开每组和故事主角相关的漫画，就会解锁不同的香薰气味，如图 2–2–3 所示。卡通化的历史人物，盲盒的打开方式，以有趣的方式让更多的年轻人接受传统文化。

图 2-2-3　香薰杯和漫画

第七期节目的文创产品源于一个和乾隆最宠爱的十公主有关的故事。设计师从十公主短暂的一生中提取各种有趣的文化元素——特殊封号、投壶、十力弓、漱芳斋、蒙古象棋、抓周等，以故宫全景为游戏地图，融入小朋友喜爱的游戏棋之中。整套游戏棋的玩法类似大富翁游戏棋，通过游戏棋来使人们大致了解十公主的一生。同时，这个游戏棋也是一款亲子游戏棋，产品十分契合乾隆陪十公主一起玩耍的故事。

虽然像《上新了·故宫》这种先讲故事再介绍产品的呈现方式不能推广到所有文创产品上，但是我们依旧可以在故宫的文创商店内发现不少一眼就能透过产品本身看到背后的文化元素以及故事的产品。

如图 2–2–4 所示，这是一款百蝶流苏手拿包。设计师从清宫旧藏“百蝶纹女袷褂襕”中选取了平金绣的蝴蝶，将其融入手拿包中。

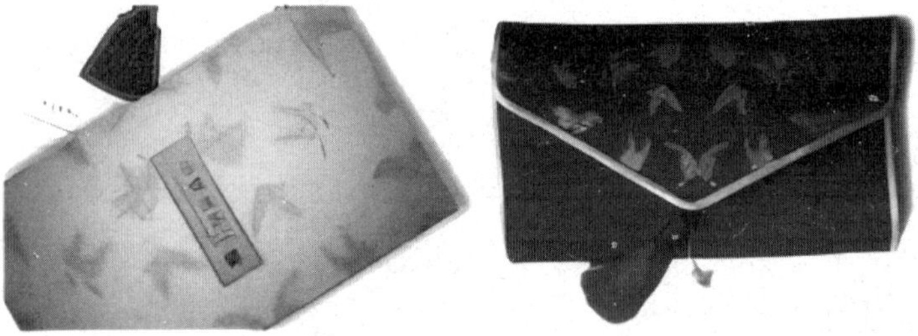

图 2-2-4　百蝶流苏手拿包

如图 2–2–5 所示，虽然这款文创贴纸属于最简单的贴图法，但是每一款首饰的工艺都各不相同，传达着中国传统工艺的精致。设计师用手绘的方式，以贴纸为载体，向人们讲述清宫后妃们日常佩戴的首饰的故事。

图 2-2-5　清宫后妃首饰·簪子贴纸

在众多的故宫文创产品中，还有一款特殊的产品，很难把它归到特定的种类中，也很难界定它的作用，这就是《谜宫·如意琳琅图籍》。故宫给它的属性是“创意互动解谜书”，单从外观上看，它就像一本普通的书籍，但又不是传统意义上的只通过阅读获得知识的书籍，而是以文字阅读体验为基础，借助手机实现互动的解谜游戏书，如图 2-2-6 所示。

图 2-2-6 《迷宫 · 如意琳琅图籍》文创产品包装及实体书与线索道具

作为玩家的阅读者通过书中的 30 多个环环相扣的谜题任务，不仅可以了解到故宫的故事，还能左右剧情决定主人公的命运。翻开泛黄的书页，手绘的紫禁城地图、密语撰写的字条、乾隆年间的铜钱，以及毛笔、书签、剪纸……这些神秘的道具让阅读者仿佛置身偌大的紫禁城，化身为侦探，开启揭秘之旅，如图 2-2-7 所示。

图 2-2-7　借助手机使用《迷宫 · 如意琳琅图籍》

这本书的供不应求恰恰表明讲好一个故事的重要性。

讲好故事的最终目的还是传达文化、传承文化。从上述各类文创产品中可以看到，故宫在研发文创产品时会从不同年龄、不同消费能力人群的差异中找到不同的文化需求，让文创产品的消费档次和风格都有所区分。既有纸胶带、鼠标垫这类价格不高的文化生活用品，还有日晷时钟和《谜宫·如意琳琅图籍》这类值得故宫文化爱好者收藏的产品。

故宫的文创产品多是生活中用得到的产品，也是普通消费者买得起的，以此实现文化消费走进大众生活的目的。当人们家中摆放的日用品都是有故事、有文化内涵的产品时，人们可以向客人讲述家中这些文创产品的文化寓意和故事时，博物馆的这些衍生文创产品也就有了空间延伸和价值提升的意义。

二、苏州博物馆文创

与故宫博物院从建筑到文创产品都是满满的宫廷气息不同，苏州博物馆从建筑到产品则透露出两个字——文艺。百年来，明清两代苏州文人所创造的以“精细秀雅”为特色的苏州文化渗透进苏州的方方面面，也吸引着众多游客，苏州博物馆亦是以文雅为主打风格。

苏州博物馆旁是四大名园之一的拙政园，馆内一部分还是太平天国忠王府，向南步行五分钟就是狮子林。贝聿铭的设计让苏州博物馆建筑成为文创产品的设计元素之一，开创了国内博物馆建筑成为亮点的先河，并衍生出一系列文创产品。如图 2-2-8 所示的产品就是以苏州博物馆建筑为设计元素的夜光书签。

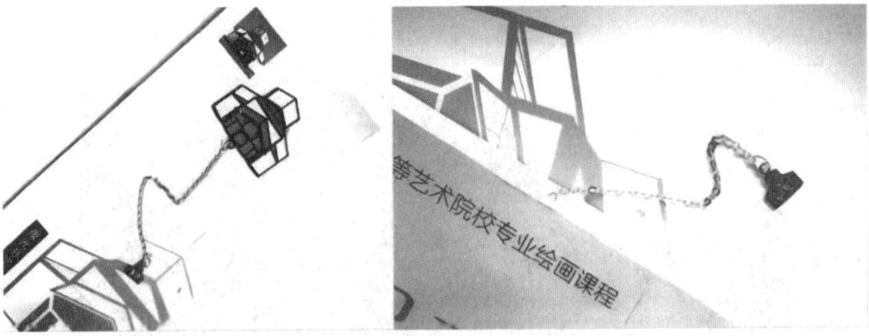

图 2-2-8　苏州博物馆建筑夜光书签

很多博物馆都会以镇馆之宝作为文化元素进行文创产品的开发。提起台北故宫博物院，人们会立刻想到“翠玉白菜”“肉形石”“毛公鼎”这三大镇馆之宝。如图 2-2-9 所示的产品就是以翠玉白菜为文化元素进行设计的三款文创产品，分别是胸针、挂坠和橡皮擦。

图 2-2-9 翠玉白菜衍生的文创产品

在苏州博物馆文创产品中最受参观者欢迎的一款是由镇馆之宝秘色瓷莲花碗衍生出的秘色瓷莲花碗抹茶曲奇，如图 2-2-10 所示。

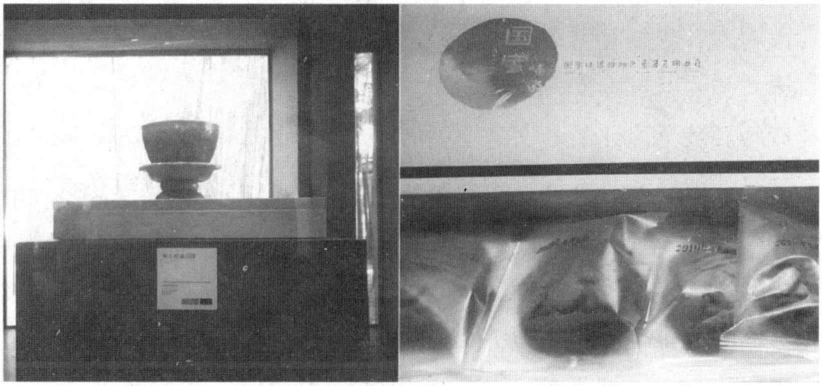

图 2-2-10　秘色瓷莲花碗和衍生文创产品

在这件文物背后有着与秘色瓷和莲花两个文化元素相关的故事。秘色瓷莲花碗是件越窑青瓷中的代表作，称得上是秘色瓷中的稀有作品，也是苏州博物馆三件国宝文物之一。秘色瓷始烧于唐、五代和北宋初期，其烧制技术难度较大。五代时吴越王钱氏建国，在浙江上林湖置官监窑烧制青瓷，并将其列为宫廷供品，庶臣不能使用。整个器皿以莲花为造型，由碗和盏托两部分组成，釉层厚且通体一致、光洁如玉，如宁静的湖水一般清澈碧绿，恰似一朵盛开的莲花。莲花历来被人们赋予“出淤泥而不染”的君子美德。随着佛教的传入，莲花被赋予了更多的内涵，并成为佛教艺术的主要题材之一。这件秘色瓷莲花碗不仅是一件精美的瓷器，同时也是一件境界极高的精神产品，艺术与佛法被完美地融合在一起。

秘色瓷莲花碗抹茶曲奇之所以被众人所喜爱，除了文物本身是苏州博物馆的镇馆之宝外，与其“平易近人”的价格和中国人“民以食为天”的信条不无关系。食品也是文创设计中的一个非常接地气的产品载体。

仔细观察苏州博物馆中的众多文创产品，大多是和地域文化紧密结合，围绕着“吴门四家”进行的。吴门四家也称明四家，分别是沈周、文徵明、唐寅和仇英，这也是苏州文化的重要名片。四人的画作对后世影响极大，也为文创产品设计提供了非常丰富、直观的视觉素材。

如果说乾隆的“带货”能力在故宫是排第一位的，那么唐寅的“带货”能力在苏州博物馆就是独一无二的。在明四家中大家最为熟悉的就是唐寅。所以，以唐寅为文化元素开发的文创产品的品类不算多么特别，都是些最为常见的明信片、笔记本、手机壳、书签、文件夹等，却也自成特色，颇受消费者的喜爱。

也许是因为苏州本身就是座文艺的城市，苏州博物馆的文创产品只要和苏州的文化元素一沾边就立刻变得文艺起来。无论是沈周玉兰绊丝钱包，还是明四家彩墨限量珍藏套装墨水，或是文徵明特展中的衡山杯，消费者都能从中感受到浓郁的文艺气息。虽然载体本身都是非常实用的产品，但是往往只在特定场景下才会用到。如沈周玉兰绊丝钱包，钱包本身是实用的东西，但是绊丝的金贵让普通人用起来总是小心翼翼；再如图 2-2-11 所示，明四家彩墨限量珍藏套装墨水，光是四色不同的墨水名称就雅致、文艺到了极点，产品具有染料墨水的渐变与鲜艳，配上唐寅的桃花一梦信笺，仿佛自己也成了桃花树下的桃花仙。

图 2-2-11　明四家彩墨限量珍藏套装墨水

苏州博物馆销售过的最文艺、最出乎意料的产品就是文徵明先生手植紫藤的种子。售卖的紫藤种子源自苏州博物馆内一棵由文徵明亲自栽种、有500年历史的紫藤树，这是其他博物馆无法模仿的独一无二的产品，如图2-2-12所示。

图2-2-12　文徵明手植紫藤及衍生文创产品

每年紫藤会结出约5000颗种子，设计师会从中挑出3000颗，文创产品一盒3颗种子，每盒25元，每年限量1000份，往往在预售时便被一抢而空。文徵明作为明代画坛的领军人物，赋予了这棵百年古树不一样的情怀，其种子因此便有了一种苏州文脉延续和象征的寓意，通过这颗种子有一种思接千古的感觉，仿佛穿越回《姑苏繁华图》中的那个姑苏。

在苏州博物馆众多的以茶为主题的文创产品中，这是一款既价格亲民，又十分雅致有趣的茶包——唐寅茶包，如图2-2-13所示。茶包上的唐寅成了一个潇洒风流中有一点呆萌的江南文人，似乎和周星驰的影片《唐伯虎点秋香》里的形象重合了。在影片中，唐寅有这样一句台词："别人笑我太疯癫，我笑他人看不穿。"这似乎就是众人想象中唐寅的样子。

唐寅和他的朋友祝枝山、文徵明、徐祯卿同为江南四大才子，都很喜欢喝茶，并留下了不少关于茶的"茶画"和"茶字"，其中尤以唐寅的《事茗图》和文徵明的《惠山茶会图》最为出名。唐寅在《事茗图》中的题诗日彰显了"文人茶"的境界："日长何所事，茗碗自赍持。"茶不仅是一种饮品，更是一种生活方式。苏州博物馆换了种文艺的方式，在推出文创礼盒时，随礼盒附赠《唐伯虎小传》，让消费者再次跨越时空感受"文人雅集，醉卧风流"之趣。

图 2-2-13 唐寅茶包

三、敦煌研究院文创

如果说一般的博物馆开发文创产品都是为了借由载体传播文化，让文化融入人们的生活中，那敦煌研究院文创产品的开发就是为了原汁原味地将世界文化瑰宝“永久保存、永续利用”。

由于馆藏展品的特殊性，就算游客到了敦煌研究院也不能看到所有的洞窟和壁画。但是，为了让更多的人看到敦煌的每一个洞窟、每一幅独一无二的壁画，敦煌石窟经过 20 多年的数字开发，已完成 150 个洞窟的数字化采集、120 个洞窟的结构扫描、60 多个洞窟整窟数字化处理以及 110 个 360° 虚拟漫游全景节目等，如图 2–2–14。

图 2-2-14 敦煌研究院官网数字信息检索

敦煌文化以及丝绸之路西段的发展历程带来了数不清的以壁画、经卷、佛教、西域文化为元素的故事。而在众多的故事中，令人最想探究的是敦煌莫高窟的形成和发展过程，以及它掩埋在黄沙中百年后又是如何被发现的，这是一个有着一千多年历史的故事。而在今天，这个故事通过情境融入式演出——《又见敦煌》得以重新展现，成为一种文创产品。

有的观众甚至千里迢迢地来到敦煌只为体验一下这场演出，为何说是体验而不是观看呢？

当观众走进剧场后，在前三个场景中并没有固定的座位，而是跟随工作人员，随着剧情的发展走动。在第一个场景空间有左、中、右三个舞台，当表演正式开始后，演员依次走上舞台，他们将一千多年的历史时间线串联起来组成一个完整的故事，有的是和西域或者莫高窟有关的人物，有的则是莫高窟里的壁画中的人物原型，每个人物都会有场外音为他们进行介绍。走五十步，观众就穿越了百年；动一百步，观众就穿越了千年。在穿越中，观众可以看到张骞、索靖、王维、唐宣宗、张议潮、悟真和尚、王道士……

接下来，观众会跟随工作人员进入一个新的场景。这一次，观众站在四周都是表演舞台的场地中间，这一部分主要讲述经书被卖的故事。表演的时候，正前方的墙壁上是一个模拟石窟的舞台，几十个“石窟”布满整个墙壁，数十个飞天会从墙壁上飞出来。当观众还沉醉在精美绝伦的飞天表演中时，王道士便登场了，他向观众讲述经书是如何被发现又是如何失去的。前面飞天的表演有多让人心醉，后面文物遗失的故事就有多让人心碎。

王道士的忏悔与哭诉也让人读出了王道士面对经书和壁画流失时的无能为力。七年间，他也曾多次上书朝廷，却没能得到回应。因此，在这一幕中，那个导致莫高窟文物浩劫的王道士，在向象征敦煌文明的“母亲”的忏悔中得到宽恕。

接下来，观众会进入第三个场景，上百个观众被分流到十多个不同的“石窟”中，每一个“石窟”的地板都是透明玻璃，玻璃下方和四周一人多高的墙面后都被挖空，构成表演的小场景，场景虽然略有差异，但都是用来配合讲述同一个故事——一个埋在黄沙下千年的故事。

公元 312 年深秋的一个早晨，一名信使带着一批信件离开敦煌，正朝西边的撒马尔罕城奔去，其中有一封妻子写给丈夫的信：“眼下这种凄惨的生活让我觉得我已经死了，我一次又一次地给你写信，但从来没有收到过你的哪怕一封回信，我对你已经彻底失去了希望，我所有的不幸就是为了你，我在敦煌等待了三年。”这是一位名叫米薇的粟特女子，在被经商的丈夫遗弃后，她和女儿滞留在敦煌。而这封信直到公元1907年春才被发现，可想而知，米薇的信未能送达撒马尔罕城。

当观众体验到最后一幕的时候，可以坐着观看前方的全息电影。故事从西晋时索靖将军指挥三军的故事说起。紧接着，张议潮上台，他派遣20队人马返唐，只为带个口信，结果只有悟真和尚一人活着抵达长安，面对城门上的天子唐宣宗，他高呼“丝路通了”！尔后，光影一转，来到玉门关，王维站在关口吟出那首《送元二使安西》。

从汉到清，敦煌的历史与遗物渐渐沉入黄沙之中，然而，“是啊，当你俯下身去，捧起一把黄沙，故事就会在你的掌心里。拨开尘沙，又见敦煌”。这是一场普通的表演吗？不，这是一场文化的创意表达，将敦煌文化以故事的方式呈现给观众，这是无形的文创产品。

敦煌文化和表演融合诞生了《又见敦煌》，而其与手游结合的时候同样能为人带来惊艳的文创产品。2018年，王者荣耀手游联合敦煌研究院推出杨玉环“遇见飞天”皮肤，其美术画面堪称游戏界的顶尖水平。该皮肤的设计方案均是从敦煌石窟中寻找的最原汁原味的元素。比如，该皮肤的发髻设计就是借鉴了敦煌的飞天髻，其整体的色彩搭配也是取材于敦煌壁画的绘画风格。

在体验完这些与众不同的文创产品后，观众还可以再去敦煌研究院的文创商店逛逛。在商店内常见的品类基本也集中在杯子、本子、纸胶带等其他博物馆内常见的商品。

在这些商品中，比较有特色的要数这款“壁上花开”瓷砖贴了，如图2-2-15。敦煌石窟的壁画充满了静寂、神秘的色彩，带有一种西域佛教的意境和风格，巴掌大小的文创产品并不能很好地传达这种需要一定空间才能营造出的文化内容。而这款瓷砖贴从敦煌石窟的多个洞窟中提取纹样元素，借助瓷砖贴这一载体，使消费者可以根据自己的喜好装饰家中的墙面。四种不同的图案在不同的空间，经由不同的人营造出不同的意境，每个人在自己的家中“幻化”出曾经去过或者没去过的那个敦煌，不同洞窟中的文化元素通过不同的空间再次透露和传达出敦煌文化的深刻内涵。

图 2-2-15 “壁上花开”瓷砖贴

敦煌研究院更注重推出一些能够与消费者互动的文创产品，一些元素与载体高度相匹配的文创产品，从而让文化的传达变得准确而简单。虽然我们可以用画册的方式来讲述敦煌的故事，也可以用人偶娃娃去描述敦煌女子的妆容，更可以用最简单的纸胶带绘出洞窟中的壁画，但是从《又见敦煌》到手游中的皮肤，再到“壁上花开”，每一个故事传达的方式、元素运用的载体似乎都刚刚好。

文化元素的载体多种多样，但是总有几个是恰到好处、无可替代的。

四、主题博物馆文创

除了众多带有地域特点的博物馆外，还有一类博物馆——主题博物馆。无论是古代的还是近代的，任何一种艺术类型或具有收藏价值的物品一般都会有相应的博物馆，如昆曲博物馆、剪纸博物馆、汽车博物馆等，而且类型还在不断增加。同样，众多的主题博物馆也纷纷推出了自己馆藏物品的衍生文创产品。

苏州御窑金砖博物馆算得上是一家“网红”博物馆（图 2-2-16）。金砖又称御窑金砖，古时是一种专供宫殿等重要建筑使用的高质量的铺地方砖。因其“质地密实，敲之作金石之声”，故名金砖。苏州相城区陆慕自明初永乐帝时至清末的五百多年间，一直都是御窑金砖的主要烧造采办地。在博物馆院落内散布着几座老窑遗址，从全国范围来讲，古窑的发现数量也是比较多的，但能够称得上是御窑的古窑还是罕见的。

图 2-2-16　苏州御窑金砖博物馆

在博物馆的展示大厅中通过数字化模拟还原了紫禁城的太和殿、保和殿、中和殿等皇家宫殿的金砖铺设过程。最后，参观的游客可以在博物馆交流中心付费体验金砖制作的流程。交流中心还售卖各种文创产品，除了常见的鼠标垫、手机壳、纪念笔记本、小吊坠等产品外，基本上都是和金砖有关的产品，如花瓶、收纳器皿、砖雕摆件等，如图 2-2-17 所示。

图 2-2-17　苏州御窑金砖博物馆的文创产品

主题博物馆推出的衍生文创产品基本上都和自身的主题紧密相关。如位于浙江省东阳市的中国木雕博物馆，它的衍生品以木艺制品居多；潍坊世界风筝博物馆的特色文创产品是为游客准备风筝的扎制材料和工具，让游客亲身体验扎制风筝的过程并亲手放飞；而在苏州状元文化博物馆祈求金榜题名大概是游客最想做的事了，游客可以将“金榜题名”的愿望写在木牌上，然后将其悬挂在馆内专门为游客准备的木架上，沾沾状元们的“才气”，如图 2-2-18 所示。

主题博物馆的文创产品只有和自身的主题紧密相关才能打动消费者。

图 2-2-18　文创产品“金榜题名”及悬挂木架

第三节　有 IP 引导的文创产品设计

如果说，由传统文化和博物馆文物主导的文创产品所讲述的故事是单集精彩大片，那么基于某个文化主题所打造的文化 IP 所讲述的系列故事就是一部“连续剧”，IP 就是这个系列故事中的主角。

现在几乎所有的文创产品都在借助或者创造 IP 以延长其所衍生的系列文创产品的生命周期，文创产品几乎到了“一切皆 IP”的时代。这样的现状离不开自媒体的快速发展，大家几乎都在借助自媒体讲故事。网络剧、畅销书、网红等都有 IP 出现。很多博物馆也在打造属于自己的 IP。

例如故宫博物院的故宫猫。设计师以故宫猫为 IP 衍生出一系列灵动、可爱的文创产品。故宫猫身穿皇帝衣服或宫廷侍卫服装、眼神萌萌的形象被广泛用于抱枕、水杯、手机壳、冰箱贴等日常用品之中，并且它还延伸到了其他业态，如大电影、美术绘本等。

一、从“IP”到“文化 IP”

IP 究竟是什么？ IP 原本是“Intellectual Property”的缩写，即知识产权。

而现在它有了新的定义：特指一种文化之间的连接融合，有着高辨识度、自带流量、强变现穿透的能力。我们将这种具有长变现周期的文化符号称为“文化 IP”。因此，文化 IP 也从最早的文学、动漫和影视作品延伸到传统文化等其他领域。

文化 IP 的基础依旧是文化内容，并且各文化 IP 以其优质的原创内容或文化元素的重构聚合了一批初代粉丝，通过衍生成影视剧、游戏、文创产品等方式使粉丝群体以指数级增长，同时反哺原始文化 IP。两者形成相互支撑、相互融合的生态链条，最终文化 IP 的价值得以转换、变现、放大和生态化。

二、文化依旧是基础

IP 这个词刚出现的时候，有些人认为 IP 仅是一部小说、一部电影或一个人，其实这些只是 IP 的输出方式。IP 自带流量，是以具象化形象为载体的感情寄托，不同国家的文化各不相同，因此流行的文化 IP 也会不同。

IP 形象只是外在的形式，IP 本身包含的文化内容中的故事与元素才是基础。

高髻峨眉、面如满月、体态丰满、宽袖长裙，漫画人物“唐妞”一出现，就迅速获得了人们的喜爱。与其说人们喜爱她的外在形象，不如说人们喜欢的是以中华传统文化为魂、以唐朝侍女俑为原型打造的原创 IP 形象。如图 2-3-1 所示，这是以唐妞这一原创 IP 形象衍生出的各类文创产品。

图 2-3-1　唐妞形象衍生的各类文创产品

在 2019 年青岛国际版权交易会蓝谷 IP 国际高峰论坛上，唐妞的创作者介绍道，唐妞的出现始于讲好唐文化故事的目的，最终从陕西历史博物馆收藏的文物中选定了唐朝的侍女俑，从中提炼元素，使其成为可爱的唐妞，同时也保留中国传统国画的特色。现在，唐妞已成为陕西历史博物馆的形象代言人之一。

支撑唐妞这个 IP 形象的是唐文化，从 2019 年影视剧《长安十二时辰》的爆红，就可以看出人们更在乎影视剧背后真实的历史故事和文化。《长安十二时辰》带我们走进唐玄宗统治下最繁荣昌盛的时期，剧情环环相扣，步步惊心。而唐妞同样是有着深厚历史文化背景，融合西安十三朝古都历史文化底蕴的一个原创且独特的卡通人物，也是以历史情感为切入点吸引消费者。如果说唐妞 IP 所衍生出的一系列文创产品是一个个小故事，那后续的《唐妞说丝路日记》《唐妞说长安》《唐妞说日常漫画》《唐妞说二十四节气》《唐妞说百家唐诗》就是以唐妞这一形象为故事主角开启的一系列精彩大片。可以看到这一系列的文化内容都是围绕着与唐文化相关的元素展开的，这也是唐妞 IP 衍生出的所有文创产品的基础。

同样是人物 IP 形象，体态俏丽、持乐歌舞、翱翔天空的敦煌飞天 IP 形象所象征的则是向往自由、勇于探索、超越自然，以及一种积极向上的美学基调。此外，飞天还包含佛教因素并蕴含“天人合一，和谐发展”的哲学思想。由其衍生出的文创产品中最吸引消费者的就是其蕴含的独特美学元素。如图 2–3–2 所示的“‘一带一路’画敦煌”系列涂色书，全书共四册，以敦煌飞天为主题，内附半透明硫酸纸和罕见壁画影像。书的左页是真迹影像，可以用临拓古法描摹壁画，也可以在右页对应的黑白线稿上涂色。

图 2-3-2　飞天衍生的文创产品——“‘一带一路’画敦煌”系列涂色书

兵马俑被誉为世界第八大奇迹和 20 世纪考古史上的伟大发现之一，并被列入《世界遗产名录》。说起秦朝，很容易让人联想到“强大”二字，历经商鞅变法后的秦国拥有了强大的经济实力，远交近攻的战略加上良臣杰士，以及所向披靡的秦国军队。这些无疑都是秦始皇兵马俑博物馆值得打造的 IP 形象，其中秦俑 IP 象征的是拥有钢铁般意志的铁血战士。

坚韧砥砺的秦人秦国与冷暖相伴的大秦精神组成了真正的大秦帝国。这种精神延续千年而不朽，在新时代里，依然指引着我们前进的道路，这也是秦俑 IP 吸引消费者的主要原因。如图 2-3-3 中的文件夹袋就是由秦俑衍生的文创产品。

图 2-3-3　秦始皇兵马俑博物馆和秦俑衍生的文创产品

上海博物馆主打的 IP 是董其昌，其衍生出的文创产品主要是和董其昌的书画有关的文具用品，这也是“董其昌”这个 IP 的文化来源。董其昌，松江华亭（今上海市）人，明朝后期大臣，著名书画家，擅画山水，为华亭画派的杰出代表，其画作及画论对明末清初画坛影响甚大。以董其昌书法作品和色彩鲜明的画作局部图为元素制作而成的文创产品，无论是复古风纸胶带，还是真丝材质的围巾，都力求表达出一种“妙在能合，神在能离”的境界。

相较于各大博物馆丰富的馆藏品，主题博物馆的 IP 内容就比较单一，甚至其中大部分博物馆对于自身的文化内容还没有进行相应 IP 文化内容的重构。

桃花坞原是苏州的一处地名，位于曹雪芹笔下的风流富贵之地——阊门内北城下。桃花坞木刻年画因曾集中在这一带生产而得名，与天津杨柳青木刻年画有“南桃北杨”之称。现在的桃花坞木刻年画博物馆依旧坐落在桃花坞，具体位置在市级文保单位朴园里。年画对于中国人来说有着浓浓的吉祥意味，桃花坞木刻年画中的桃花更是为这份吉祥添足了分量，因为桃文化在中国传统文化中充满了吉祥的寓意，民间百姓认为它可以纳福避灾。在博物馆内也栽种了许多桃树，博物馆内小径上有鹅卵石铺就的“福寿双全”，花园里有“和合二仙”石，此外，还在博物馆的特定场景内对年画的贴法进行了展示。

年画常常被局限在春节使用，只作为寓意吉祥如意的图案而出现。此外，真正了解它们的人少之又少。例如极少有人知道门神其实有三对组合，而且他们的故事生动有趣，又充满祝福的意味，完全可以衍生出众多可日常使用的文创产品。可惜的是，它们被设计师忽略了。虽然它们依旧以原汁原味的年画图案在每年春节准时"出镜"，但是，谁说年画和年画里的角色非得在春节才能"出镜"呢？也许年轻人看到由有趣的年画人物和图形衍生的挂饰后愿意用它们替换书包上的那些挂饰。比如，可以将八仙人物形象或者与八仙的纹样进行重新设计，然后以挂饰为载体，相信会和卡通挂饰一样受到年轻人的喜爱。

虽然神像图腾、戏文故事、民间传说、吉祥喜庆、风土人情、仕女儿童、花卉鸟兽等均能入画，也可衍生出有趣的文创产品，但一定要保持桃花坞木刻年画原本鲜艳夺目的色彩、丰满均衡的构图、明快简洁的线条与质朴生动的形象，这些都是文创产品设计的基础。如果要像其他博物馆一样选一个最值得打造的IP形象，苏州桃花坞木刻年画博物馆首选的就是"一团和气"。

宋代朱熹《伊洛渊源录》卷三引《上蔡语录》："明道终日坐，如泥塑人，然接人浑是一团和气。"明代成化皇帝朱见深期望朝野安定团结、群臣万众一心，特绘"一团和气"作为号召。在和蔼可亲之外又增添了"团结一致，和睦相处"的含义，也是桃花坞年画"一团和气"的精髓。如图2-3-4所示，图案采用圆形构图，画面干净整洁，圆形构图内部完满，没有一丝缝隙，造型非常独特。服饰上的花纹丰富且细密复杂，在借鉴成化帝的《一团和气图》的基础上更突出"一团和气"的主题，将书卷、长命锁、佛手、如意纹、万字纹、祥云纹等寓意吉祥的器物图案作为填充装饰，给人喜气祥和之感。图案整体呈圆形，寓意"团圆""圆满"，表达了人们盼望家庭和睦、生活幸福、诸事顺遂的美好愿望。"一团和气"是桃花坞年画中影响极深、流传很广的传统佳作，也是桃花坞木刻年画的经典题材。

图 2-3-4　一团和气年画

博物馆的IP可以比较容易地借助博物馆自身的流量吸引到众多粉丝，在中国传统文化中也有众多内容值得并且可以进行转化。然而目前国内大部分的非博物馆原创、与中国传统文化相关的热门IP是以影视剧为主的。

众多影视剧让更多人爱上了古风文化，渐渐形成各种古风主题的文化IP。关于“古风”一词，在中国古籍中是指在当时社会已经逐渐衰弱或者濒临消失的某种风俗习惯，该词在《论语》中指前朝礼乐制度背后的风俗习惯和精神风骨。由此可知，古代社会便出现了对古风文化的追求，以表现人们对前朝社会文化和思想的追求，希望能传承前朝的风骨。2005年左右，一股由古风音乐逐渐演变而来的文化浪潮悄然兴起。在这之后，古风歌曲不断涌现并迅速传播开来。随着传统文化的崛起和不断扩张，仙侠小说风靡一时，由此改编的影视剧得到了大众的广泛认可，这一系列发展使得原本局限于年轻人的古风文化的影响范围不断扩大。古风文化作为我国文化中重要的一部分，内涵极其丰富，它以弘扬中国传统文化为主线，以传承中华民族优秀精神为支撑，凡是具有中华传统文化内涵的诗歌、音乐、服饰、影视剧等都属于古风文化的范畴。随着国际竞争的日趋激烈，文化软实力在综合国力中的地位日益凸显，弘扬中国传统文化的古风文化得到了越来越多的人的认可，通过深刻挖掘中国传统文化的精髓，结合传统艺术、语言、文学、色彩等诸多中国元素，逐渐成为表现中国传统文化的文化形式，展现着其独特的魅力。

例如，某部关于宋朝的电视剧给我们上了一堂中国传统文化普及课。在这堂课中，通过点茶对宋代的茶道文化进行了简单的普及。点茶的过程非常复杂，先要将茶饼捣碎，过筛后只留下茶粉。当然在捣茶的同时不要忘记烧水，因为捣好茶后就要把烧好的水倒在茶碗里，摇一摇再倒掉，这个过程就是温盏。之后加入茶粉和水，用茶筅去搅拌。除此之外，这部剧里还有投壶、马球、插花、焚香，甚至曲水流觞、即兴赋诗等社交活动，伴随着这些行为文化我们也看到了精致的中国传统物质文化。这部电视剧中的中国传统文化元素非常多，是进行文创产品设计的巨大资源库。

三、创意仍然是核心

靠着电视剧同款诞生的文创产品终究是少了分创意，并且产品也受到了道具设计之初所蕴含的文化内容准确性的影响。文化中的故事和元素是前史的遗存，很多已不符合如今潮流，因而需对其文化进行重新解读和创意的表达。

中国国家博物馆（以下简称国博）是中华文化的“祠堂”和“古庙”，馆内收藏了 140 万余件藏品，独家藏品有人面鱼纹陶盆、大盂鼎、后母戊鼎、鹳鱼石斧图彩陶缸等，充分展现和见证了中华文明的灿烂辉煌与血脉绵延。国博针对这些珍贵的藏品提出了“把国宝文明带回家”的理念，对其进行深度挖掘，二次开发藏品的文化内容，使文创产品成为博物馆展览功能与教育功能的衍生品。如图 2–3–5 所示，这些是国博文创商店内的文创产品。

图 2-3-5　国博文创商店内的文创产品

国博可以开发的 IP 内容非常多，因此选择了 IP 授权合作的方式来让更多的文化内容迅速走入人们的日常生活。馆内的众多陶器、青铜器、瓷器、书画以及基于藏品二次开发的 IP 资源图库，通过授权实现了馆藏文物和文化元素与品牌的对接，同时也提升了品牌的文化价值。

2018 年年初，国博与肯德基合作，在国内 18 个城市设立了肯德基国宝主题店。17 件精心甄选的国宝都被“请”进肯德基国宝主题店内。在苏州，消费者可以与《明宪宗元宵行乐图》畅谈意趣风华；在成都，消费者可以偶遇诙谐幽默的击鼓说唱陶；在西安，消费者可以与人面鱼纹陶盆诉说人与鱼的羁绊……人们一边吃着美食，一边聊着历史和店内的国宝主题。除了在装修上体现主题，经典的全家桶也华丽变身为“国宝桶”，桶的外包装上印刷了各种源自国博馆藏文物的吉祥图案：福庆有余、万福如意、锦绣山河等。

恭王府是清代规模最大的一座王府，最吸引游客的是恭王府内号称“天下第一福源”的福字碑。该碑位于恭王府花园秘云洞内，碑上的福字是清康熙皇帝御笔，所造的“福”暗含子、田、才、寿、福五种字形，寓意多子、多田、多才、多寿、多福。中华民族是一个崇尚福且追求福的民族，自古就有祈福、盼福、崇福、尚福的习俗。这也成为恭王府博物馆文创产品设计的重要文化元素，以此为文化 IP 内容能够轻而易举地吸引各个年龄段的粉丝。据报道，恭王府的文创产品销售收入接近其总收入的 50%，这在文博业中并不多见。如图 2−3−6 所示，这是 2018 年杭州文博会上的恭王府的文创产品展位。

图 2-3-6　2018 年杭州文博会上的恭王府的文创产品展位

为了让更多的年轻人了解和喜爱传统文化，在 2016 年，恭王府与国漫 IP“阿狸”合作，把传统文化的内涵，尤其是恭王府的福文化，以富有创意的方式进行表达和传递。

通过文物及其衍生出的文创产品，消费者想要看到的是其内在的文化，并通过它们看到特定时代的样貌。《清明上河图 3.0》高科技艺术互动展演不借助文物实地展览、不通过文创实物产品，同样可以让消费者看到北宋城市的宏大规模与气象。这是一场别样而精致的展览。《清明上河图 3.0》展馆约 1600 平方米，共有《清明上河图》巨幅互动长卷、孙羊店沉浸剧场、虹桥球幕影院等三个展厅，借助科技从各种维度最大化地营造观展的沉浸感和互动性。

在故宫的百万件文物中，《清明上河图》有着不可替代的国宝级地位，画卷中展示了北宋时期丰富的城市生活，如道路两旁林立的茶楼、酒馆等铺面，以及络绎不绝的行人。人们争相外出游玩或在城内工作走动，行人中有乡绅、仆役、贩夫、走卒、车轿夫、作坊工人、说书艺人、理发匠、大夫、看相算命者、贵家妇女、行脚僧人，以及顽皮儿童等。

无独有偶，借助特定技术的《姑苏繁华图》也为观众呈现出一个动态的、可以互动的清朝时期苏州繁华的社会面貌。《姑苏繁华图》以长卷形式和散点透视技法描绘了当时苏州“商贾辐辏，百货骈阗”的市井风情。是继宋代《清明上河图》后的又一宏伟长卷，全长 1225 厘米，宽 35.8 厘米，比《清明上河图》还长一倍多。

但是，新技术只是创意的手段，跨界合作也只是创意的方式，文化内容始终是第一位的，因为设计文创产品的最终目的是传承文化和传播文化。

四、人格化是连接粉丝的纽带

有了文化和创意后，想要某一主题的文化 IP 吸引更多的消费者，可以通过人格化 IP 形象来连接粉丝能量、集聚流量。

2019 年暑期上映的电影《哪吒之魔童降世》中，给哪吒赋予了“我命由我不由天”的人格，使得很多人愿意为各种哪吒的衍生文创产品买单。该 IP 吸引人的地方不仅是电影中浓浓的中国传统文化元素、家喻户晓的《封神演义》的故事以及故事和人物的创新表达，更是因为哪吒用自己“生而为魔，那又如何”的态度与命运进行着斗争。也许很多人在哪吒身上看到了自己的影子——一个不屈服于命运的年轻人的身影；为人父母的观众也因为它的贴近生活而一次次地产生共情。

同样，作为故宫超级 IP 的故宫猫，其所代表的就是灵动可爱，穿上宫廷侍卫服装、眼神萌萌的形象被称为“大内咪探”，广泛用于抱枕、水杯、手机壳、书包、手表和鞋子等产品上。其文化 IP 的打造逻辑是，首先对故宫博物院的猫进行抽象化提炼，让其具有故宫的故事性、传承性；然后融入新的创意，完成 IP 的设定；接着开发设计相应的衍生品，使其具有场景性、体验性和适配性。作为一个超级 IP，它还可以延伸到大电影、美术绘本、零售品等领域。

选择故宫猫来打造文化 IP，不仅是因为年轻人的喜好，更是以调研结果为指向产生的创意。故宫里的猫是故宫历史的见证者。据史料记载，从明朝开始紫禁城就成立了一个专门管理猫的部门——御猫房。在故宫里常能看到这些猫的身影，它们也不怕游客，十分可爱。这些猫身上浓缩的千年历史文化对比其本身的呆萌、可爱，形成了强烈反差。游客与故宫猫产生了情感联系，就一下拉近了大众与故宫的距离，让故宫变得更生动、有趣。

基于超级 IP 开发的文创产品并不是简单的形象衍生，文化元素不仅要加上创意还要注重 IP 背后人格化的塑造，才能构建真正的超级 IP。超级 IP 的建立不单单可以为文创产品带来丰富的创作内容，还可以向下延伸，衍生出更多形式的产品。整个 IP 产业链可以划分为内容层、变现层、延伸层、支撑层。从最上游的以网络文学、漫画、表情包以及传统文化为主的内容层，到中游以电影、电视剧、网络剧、游戏以及动画等领域为主的变现层，再到包含衍生品尤其是文创产品、主题公园、体验馆等的延伸层，IP 连接着特定主题的传统文化，让其有了各种状态的表达和传播方式。

第四节 文旅融合下的旅游文创产品设计

2018 年是文旅融合元年，截至 12 月 14 日，全国 31 个省（市）文化和旅游厅（委）挂牌全部完成。2018 年年底，政府层面的文旅融合已经全面完成。文化是人类所创造的精神财富和物质财富的总和，并且具有一定的地理性、物质性、历史性、传承性。而旅游是实现文化传承和发展的载体，文化是旅游的灵魂，文化和旅游的结合生成了一种将人文旅游、社会旅游和自然旅游等相结合的流行新形式。这种新形式不仅可以通过美景让人身心愉悦，同时也对经典文化资源所衍生出的旅游文创产品的创新性、独特性提出了更高的要求。

一、乌镇

在文旅融合的背景下，水乡文化无疑是江南地区最吸引人的一个旅游主题。江南的古镇很多，比较有名的有同里、周庄、西塘、南浔、甪直和乌镇。然而，当乌镇率先创新性地把自己从水乡古镇打造成文化小镇之后，它和其他江南水乡之间的差别便一目了然了。到目前为止，乌镇是江南古镇中保护性开发做得最好的一个，也是旅游发展最快的一个。乌镇景区已不是单纯的观光游景区，而是一个集休闲度假、养生养老、文化创意于一体的国际休闲文化小镇，在完成 IP 重塑的同时也形成了一系列崭新的古镇旅游文创产品。

乌镇作为一个水乡古镇，是人们休闲度假，感受江南烟雨蒙蒙、诗情画意之景的好去处。乌镇的特色产品涵盖了衣食住行各方面，有草木染的衣物可穿、有乌镇果子可食、有乌酒可饮、有临水的客栈可住、有乌篷船可行。虽然乌镇本身作为一个水乡古镇的“大”文创产品，给消费者的体验非常好，但是具体到衣食住行的具体实物产品，和其他水乡古镇的产品相比差异依然不是很大。

（一）创 IP

乌镇可以区别于其他水乡古镇的文创系列产品之一是“乌镇浮鱼”。在沈家厅纪念品商店里，游客可以找到那条浮鱼的文创产品，这是一家出售历届乌镇戏剧节的衍生产品以及乌镇特色文创产品的主题店铺，如图 2-4-1 所示。

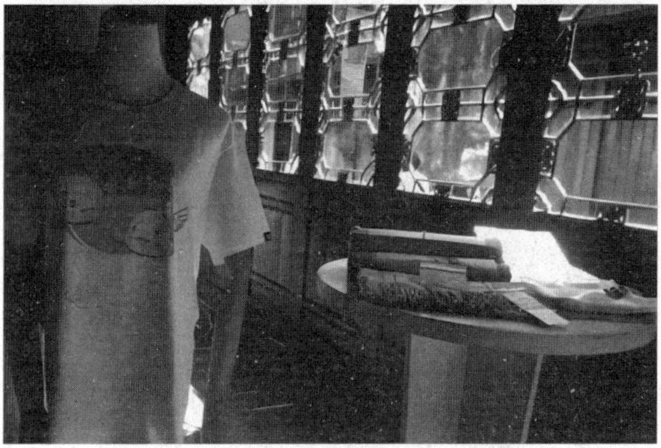

图 2-4-1　沈家厅纪念品商店和浮鱼 T 恤

乌镇浮鱼是大黄鸭之父霍夫曼参考大黄鸭的设计理念设计的一件作品。浮鱼，用中国吉祥文化中谐音的表达方法来讲，即富裕。浮鱼这一 IP 成为乌镇第一个被系列化打造的形象，也衍生出 T 恤、手账本、手拎袋等文创产品。从浮鱼系列产品中可以看到，古镇文创产品的开发要以古镇的历史文化为魂，依托一定的物质载体，将文化融入其中进行旅游开发，使得文化符号化，并通过特定的符号叙事语境形成特定的文创产品。

（二）延续本身的物质文化遗产

乌镇作为一个有着 1300 年建镇史的古镇，除了通过结合本身的特点创造新的 IP 衍生出旅游文创产品，还可以通过对原有的物质或非物质文化进行旅游文创产品的开发。

乌镇的草木本色染坊位于西栅景区，在这里可以看到蓝印花布传统印染工序，如果感兴趣，还可以在此体验挑布的乐趣，做一块自己喜欢的蓝印花布。前店后坊的模式沿用了之前乌镇人开店的模式，如果游客不想自己做，可以在前面的店铺中购买现成的包与衣服，如图 2-4-2 所示。染坊有着浓浓的江南味道和传统工艺特色，从纹样设计、花稿刻制、涂花版、拷花、染色、晒干都遵循着祖辈留下的工艺。晒场中高高的架子上挂着的蓝白色花布在阳光下看起来很美，以此为背景拍上一张美照已成为其不同于其他景点的特别体验。

图 2-4-2　西栅景区的草木染文创

乌镇也将乌镇蓝印花布的这抹蓝色打造成为乌镇的一个特“色”。蓝印花布最初以蓝草为染料印染而成，是我国的传统民间工艺，距今已有 1300 年历史。古籍《二仪实录》中记载:“缬，秦汉间始有。”缬，是印有花纹的丝织品。在宋代，蓝印花布工艺日趋成熟；明朝设有织染局，基本上垄断了织染业；直至清朝，民间染坊开始涌现。乌镇是蓝印花布的原产地之一，现在乌镇是仅存不多的蓝印花布产地。悠久的历史和仅存不多的产地之一，这两点就值得让乌镇将其打造成为自身的一个重要文化符号。各民宿门口的指示牌，小吃店内的桌布，还有阿姨头上的方巾等，几乎随处都可在乌镇看到蓝印花布元素。

蓝印花布的原料土布及染料均来自乡村，工艺出自民间。旧时，浙江一带的农村家家户户都使用蓝印花布，窗帘、头巾、围裙、包袱、帐子、台布等都可以用它制作，其曾是人们不可或缺的生活元素。蓝印花布本身非常接地气的特色使它极其适合被重新设计，并再次融入消费者的日常生活中，如图 2-4-3。在一些小店里也能看到以蓝印花布为文化元素设计的文创产品，比如手账，但是这种贴图式的传达方式比起带着土布特有质感的包、衣物等，对于游客的吸引力低不少。

图 2-4-3　蓝印花布元素在布衣书和笔记本封面上的应用

（三）独特的体验也是文创产品

除了蓝印花布，乌镇还有三白酒、花灯等物质文化。但与蓝印花布店铺的门庭若市相比，花灯店铺则是门可罗雀。与蓝印花布品类繁多的衍生产品相比，花灯的衍生品几乎为零，其依旧保持着传统的形态和功能。但是，到了乌镇的元宵节，游客一定会增加对花灯的购买欲望。哪怕是在平日里，只要了解到乌镇“提灯走桥”的传统，很多游客便忍不住要体验一回。古时，在元宵节这天，乌镇的居民会提着灯笼走过十座石桥，寓意着和过去告别，亦象征十全十美，在新年里讨个福寿双全的吉利。现在，游客也可以提着灯笼，穿梭在西栅的夜景光影间，用最古老的方式提灯走桥，融入江南的水乡之中。这种行为文化也是文创产品设计的一项内容，同样可以衍生出各种创意满满的旅游文创产品。

手里提着祈福的灯笼，如果还能穿上一套美美的汉服，那便真的仿佛穿越回千年前的梦里水乡了。每年 10 月是乌镇的戏剧节，海内外的游客会蜂拥而至，为的是体验戏剧氛围；西塘每年 10 月底至 11 月初都会聚集众多汉服爱好者，来此体验、传承、弘扬中华传统服饰文化、礼仪文化。所以，独特的体验也是各主题乐园、景区能够带给消费者的独一无二的文创产品。

随着汉服越来越火，穿汉服出行的人也越来越多。很多人不便在日常生活工作中穿着汉服，到有着古朴建筑的古镇体验一下汉服便成了不二之选。乌镇等水乡古镇都有汉服体验店，商家可以帮客人化妆、做造型，店里也有非常多的服装和发饰可供选择，还可以配上各种小道具，比如团扇、油纸伞、绣花鞋、汉服包等。

文旅的融合让人们在游览的同时不仅可以享受美景、快乐，还可以感受浓重的文化氛围。由于汉服价格较高，并不容易将有关汉服的传统文化进行推广，但是汉服体验为汉服文化的传播提供了一个新途径。

二、拈花湾和东方盐湖城

如果说乌镇融合了各种文化元素，内容繁多，那么无锡拈花湾就是主题明确、内容统一的禅意文化主题景区。乌镇本身有着千年的历史，文化底蕴深厚，从物质文化到非物质文化都可以进行衍生文创产品的开发。但是对于国内众多的类似拈花湾、东方盐湖城这样全新打造的度假小镇，给游客带来的旅游文创产品主要集中在与其自身主题相关的实物类文创产品和各种体验上，尤其是和小镇主题相关的体验上。

（一）心灵的体验

拈花湾的命名源于灵山会上佛祖拈花、迦叶微笑的经典故事——拈花一笑，以及小镇所在地块形似五叶莲花的神奇山水构造；其建筑风格则源自唐宋时期的建筑结构，再融入江南小镇特有的水系，打造出一个自然、人文与生活方式相融合的旅游度假目的地，让人们体验禅意生活，开创心灵度假的休闲旅游新模式。

类似的文化主题景区还有常州东方盐湖城。拈花湾是盛唐佛教主题，东方盐湖城则是魏晋道教主题，虽然两者风格略有差异，形式却较为相同，都是全新打造的主题休闲度假小镇。景区本身是一个“大”旅游文创产品。和乌镇一样，它们给消费者营造的是一种感觉。不同的是，乌镇是水乡古镇，拈花湾和东方盐湖城则分别是盛唐佛家风格与魏晋道教风格的禅意。

（二）动“手”的体验

第二类文创产品是各种文化体验，如陶艺、剪纸等，两个景区几乎差不多。但是由于各种有关茅山道士和茅山道术的传说广泛流传，在茅山脚下的东方盐湖城内体验画符会让人产生“正宗”的意味，得到一份特殊的体验。

虽然剪纸体验与画符体验都只是一个过程，但是游客在体验后都会选择把自己剪完的图案和画好的符纸带回家，前者可以作为装饰品，后者则是祈福的物品。

两者都需要以实物类的产品作为载体，前者使用红纸和装裱的镜框，后者使用空白符纸和布袋。这些载体的形式并不固定，但都可以成为文创产品设计的内容，都可以有更好的创意呈现，从而让不同景区的体验也变得不一样。

（三）归家后的回忆

第三类是普通的实物文创，其中又可以分为两种，一种是结合景区主题文化内容衍生的产品，另一种则是景区自己打造的IP衍生产品。东方盐湖城景区主要围绕着道教的“符”开发设计文创产品，主要类别集中在挂饰、手机壳、书签等常见的种类，但是产品本身并没有结合地域特点，亦没有包含景区特有的文化符号，使得文创产品的吸引力大大减弱。2019年4月“我就是逍遥派”首届东方盐湖城文创设计大赛作品征集活动启动，围绕“逍遥文化”和“东方盐湖城特色IP”两大方向征集了众多文创作品，希望能开发出体现地方旅游特色与文化创意的融合产品。产品要求以东方盐湖城“逍遥游”的道家属性为出发点，或是根据茅山脚下的逍遥山镇、鹤发童颜心怀苍生的“逍遥子”、聪慧活泼的邻家女孩“小慧”等特色IP设计文创衍生产品。相信融入特定IP形象之后，东方盐湖城的文创产品也会因拥有自己特定的语意而独具特色。就像乌镇的那抹蓝，在游客离去后成为游客记忆中的一个重要的符号；就像拈花湾很萌的小和尚，无论在景区内还是官方的App上都可以看见他。

三、西江千户苗寨

贵州雷山县是苗族历次大迁徙后的主要聚集地，创造出了无数灿烂的苗族文化，而地处雷山县东北部的西江千户苗寨便是体验苗族文化的最佳去处。由前面讲到的三个不同主题的景区可以总结出：在文旅融合下，主题景区的旅游文创产品通常由体验和实物文创共同营造出景区的主题氛围，传达给游客特定的文化内容。

西江千户苗寨是苗族原始生态文化保存得相对完整的地方，由十余个依山而建的自然村寨组成，是目前中国乃至全世界最大的苗族聚居村寨，是苗族文化的活化石。朴素无华的苗寨聚集了很多苗族人家，向山那边望去，吊脚楼沿着山势上升，小溪在山下蜿蜒流淌，充满了自然、安逸的气氛和独特的意韵。在这里，游客最想要体验的就是特色鲜明的民居建筑、多彩的服饰文化，以及厚重的民族风情。

（一）独特的体验

一般来到西江的游客都会至少住一晚再走，一则是为了体验一下住吊脚楼的感觉，二则是为了欣赏西江的夜景。层层落落的木质吊脚楼依江而建，呈阶梯状逐级抬升，与自然和谐共融。在中国历史上有“北人穴居，南人巢居”之说。南方一般是从巢居发展为干栏式建筑，而西江千户苗寨的吊脚楼则是其先民在山区的环境下基于传统的干栏式建筑进行了创建，从而形成了穿斗式木质结构的吊脚楼。整个房子的框架采用榫卯结构，在山地斜坡建屋不但节约耕地，还具有良好的通风、防潮效果，充分体现了天人合一的思想。通过吊脚楼可以看到包括建筑文化在内的众多中国传统文化的内容。但是大部分游客并没有过多关注这些文化内容，融在吊脚楼中的中国传统文化被简化成居住的感觉。

“民以食为天”在西江千户苗寨也得到了印证，游客觉得最有意思的民俗体验就是“长桌宴”。苗家的长桌宴风俗已有千年的历史，是苗族宴席的最高形式与礼仪，通常用于接亲嫁女、满月酒等宴饮活动。左边是主人座位，右边是客人座位，主客相对，敬酒劝饮并对酒高歌。这些活动现已成为西江千户苗寨的一项重要民俗体验。在饮食的过程当中，苗族的姑娘会带着自己的酒来敬客人，游客们在这里可以品尝到苗族特有的美味，感受到苗寨里人们的朴素与热情。

在大部分主题景区中，游客完成了吃、住和当地特色民俗的体验，景区能够传达给游客的文化内容也就基本完整了。如果说水乡古镇和汉服搭配，那么西江千户苗寨则更搭配苗族服饰。很多游客都会在观景台上穿上苗族服饰和身后的苗寨全景来个合影。

虽然在很多游客的眼中苗族服饰只有一种，但其实据不完全统计，苗族服饰有 200 多种形式，并且不同区域的苗族服饰也各有差异。湘西方言苗区和黔东方言苗区喜好银饰，黔南某些地区喜好贝饰，而西部方言区苗族服饰则少银饰。在苗族的服饰上还可以看到许多传统工艺，比如苗绣、蜡染、银饰工艺等。一套真正、完整、精致的苗族服饰的做工是非常复杂、耗时的，其售价也是颇为昂贵的。因此，我们也能从整套苗族服饰中进一步了解苗族的文化和服饰传统工艺。

（二）基于传统工艺的创新

苗族的蜡染工艺已有千年历史，与乌镇的蓝印花布相比，两者的印染材料和工艺都有所差异。蜡染工艺首先要将自产的布用草灰漂白洗净，然后晒干。接着，以白布为画面，把蜂蜡融化，以铜刀蘸蜡作为“画笔”，绘制出各种美丽的图案。之后将画好花纹的布料放在蓝靛染缸里浸染，五六天后取出晾干便得浅蓝色，再放入染缸浸泡数次便得深蓝色。如果想要在织物上同时出现深浅两色的图案，可以在第一次浸泡、晾干后，在浅蓝色上绘蜡花后再浸染。当绘了蜡纹的布料放进染缸浸染时，有些蜡封因折叠而损裂，于是便产生天然的裂纹，一般称其为“冰纹”。最后，用清水煮沸布料，去除蜡质、漂洗干净后，布上就会显出蓝、白分明的花纹。在西江千户苗寨的很多店铺中都可以买到蜡染的布艺产品，也有体验蜡染工艺的店铺，但是当蜡染工艺脱离苗族服饰文化后便失去了本民族的特色。因为脱离了民族服饰这一载体后，大部分产品并没有经过创意设计，会导致制成的服饰和背包的吸引力下降很多。

银饰也是苗族服饰的重要组成部分，苗族银饰的加工以家庭作坊内的手工操作完成。银匠会根据需要先把熔炼过的白银制成薄片、银条或银丝，利用压、刻、镂等工艺制出精美纹样，再焊接或编织成型。为何苗族如此喜爱银饰呢？因为苗族有着“以银为结，以银为彩，以银为荣，以银为贵”的信念。苗族人一生用银极多，即使是在不断迁徙的时代也会在手脚、双耳等处佩戴适量的银饰以求长命富贵，驱凶辟邪。苗族银饰艺术始于巫术图腾活动之中，其所具有的意义已经不单在于装饰，而是有了趋吉避凶的新内涵。

苗族银饰自明代盛行至今，已有数百年历史，是苗族人生活中最为重要的器物，也是苗族青年男女的定情信物。但是，走在西江千户苗寨中，可以发现苗族银饰的这两个具有特色且不同于表层装饰性的内涵几乎没有被用来进行衍生文创产品的设计和推广。

在西江千户苗寨的中心有一座西江苗族博物馆，向人们展示着苗族发展史，成为观赏和研究苗族传统文化的大看台。通过该博物馆可以了解到苗族的图腾崇拜，而这些图腾是苗族银饰等工艺图案的重要组成部分。在苗族古歌中，传说是古枫树生了蝴蝶妈妈，蝴蝶妈妈又生下了十二个蛋，由鹡宇鸟孵化出苗族的祖先姜央和他的十一个兄弟。也许西江的蝴蝶可以像乌镇的浮鱼一样，通过设计重构来对自身丰富的物质和非物质文化进行表达和传递，成为西江千户苗寨的一个文化符号。同时，西江的建筑、蜡染、银饰也可以和乌镇的蓝印花布一样成为西江千户苗寨特有的文化符号。

与乌镇、拈花湾等统一打造的景区不同，西江千户苗寨中多是私人开设的店铺。店主们都是靠着本民族的传统手艺开设店铺，或者利用自家的房屋经营民宿的，因此，几乎所有的产品都存在包装简单甚至没有包装的状况。如果只是游客自己消费并没有什么问题，但是一旦作为伴手礼赠送给亲朋好友就不甚完美了。并且被赠送的人可能没有来当地游览过，如果有包装，那么包装上的文字或者说明书也能对文创产品本身包含的文化元素起到补充说明的作用。

在西江千户苗寨景区内有一家制作米糕的店，虽然米糕算不得是西江最有特色的文化元素，但是这家店从米糕到包装，再到店铺形象的创意设计，使得这家米糕在作为伴手礼被赠送给亲朋好友的时候打上了西江的印记，让西江千户苗寨的文化内容得到了有效的传达。

在离开西江千户苗寨景区的乘车点处还有家网易严选雷山体验馆，店内售卖的不少商品都是西江千户苗寨的特产，如茶叶、银饰、蜡染等。虽然产品的设计创意并没有很出彩，但是讲究的包装和广告上的“新”字还是非常打动游客的。

文化是旅游的内核和灵魂；旅游是文化的载体，也是感受、体验文化的过程。在文旅融合的背景下，为特定的主题景区进行文创产品设计时，首先，一定要把结合地域特色放在第一位，为其找到独特的文化符号；其次，不要把文创产品的形式局限在实物形态；最后，要意识到包装也是文创产品设计的一部分。

第三章　我国传统文化资源的创意转化

本章的主要内容为我国传统文化资源的创意转化，具体论述了三个方面：认识创造性转化、创新性发展，我国历史文化中的创意资源及转化，我国民俗文化中的创意资源及转化，我国非物质文化遗产资源中的创意资源及转化。

第一节　认识创造性转化、创新性发展

中华优秀传统文化源远流长，孕育了中国特色社会主义文化，彰显了中华文化的永恒魅力和时代气息，为中华民族的伟大复兴注入了强大的精神动力。当前，全球经济一体化进程不断加快，各国都被卷入世界经济的浪潮中，国际竞争越发激烈，使得我国文化创意产业面临严峻挑战。有关研究表明，推动中华优秀传统文化创造性转化与创新性发展是中华优秀传统文化在新时代绽放光彩的正确路径，同样也是文化创意产业与文创产品设计开发的正确路径。

传统文化的思想体系中有大量的积极内容，对我们科学地认识和解释自然与人类自身有着重要的进步意义；传统的文学艺术创造中具有永恒魅力的作品仍不在少数，依然是当今重要的美育资源；传统的生产生活方式、工艺技术、社会组织方式、民俗传统等，是我们形成历史认同感的重要基础。如何在文创产品设计实践中正确运用创造性转化、创新性发展规律，应把握以下三点原则。

一、要准确全面地认识中华优秀传统文化

中华民族在悠久的历史进程中，孕育和传承了无数种文化，中华传统文化就是一切文化的总和。传统文化是一个民族生存与发展过程中不可或缺的宝贵财富，是人类宝贵精神财富的重要组成部分，从范围上来说，包括精神文化、物质文化和制度文化等；从民族属性上来说，包括汉族和各少数民族文化；从阶层属性上来说，

包括上层文化和底层文化、精英文化和草根文化；从传播形态上来说，有书面文化和口传文化等。在这些文化中，有些在萌芽阶段或许具有进步的潜力，但随着时间的推移，它们逐渐演变为代表着腐朽没落势力的文化，失去了前进的意义；有些文化传统曾是特定历史时期人们日常生活的重要组成部分，对于当时社会的发展起着不可估量的作用，但由于无法适应新的历史环境，逐渐淡出了人们的生活；还有些文化现象违背了人道主义精神，以压制人性为导向，应当被人类摒弃，这些虽然也是劳动人民在社会实践中创造出的文化，但不属于优秀传统文化的范畴。中华优秀传统文化是指那些在整个中华传统文化中具有推动社会发展和进步作用的文化，这些文化是由中国各个民族所创造和传承的，并且能够长期发挥积极的能量。

二、要准确把握文化的变动性

千百年的历史长河中，人民大众通过长期的实践和探索，孕育出了文化这一智慧的结晶。文化不仅在历史中扮演着至关重要的角色，而且在当今时代仍然拥有着卓越的学术、艺术和情感等方面的价值。然而，文化从来不是一成不变的，而是伴随历史进程发生着变化。这种变化既包括了其内在特质的变化，又包括了外在表现形式的变化，还可能是人们对特定文化的阐释和解读发生了变化。总之，变化是文化的恒常存在方式。作为文化的持有者和实践者，人民大众如今肩负着新的历史使命，即积极推动文化的变革和创新，为文化事业的发展创造更广阔的空间和更多的机遇，以满足人民群众日益增长的精神文化需求。

三、要准确认识“创造性转化”与“创新性发展”两个关键词

“创造性转化”是以创造为核心，转化为目的的行为。它要求在继承和发扬优秀传统文化的基础上，对其进行创造性转化，使之成为适应社会需求的新内容、新样式或新风格的文化。换言之，我们要勇敢肩负起传承优秀传统文化的历史使命，培养创新思维，汲取传统文化中与时代精神相契合的文化要素，并赋予其崭新的文化意义，使之转化为具有永恒价值的当代文化形式。“创新性发展”是以创新为核心，以促进发展为最终目标的行为。“创造性转化”重点是面对“过去”的工作，“创新性发展”则是面向“未来”的活动。从历史与现实相统一的角度来看，创造性转化重在继承，而创新性发展在于超越。在对中华传统文化母体进

行整理和筛选的基础上，创造性转化的重点在于对优秀传统文化进行现代解读和当代转化，以延续其历史和文化价值，实现“继往”的目的；创新性发展的重点在于通过创造性的转化，对当代具有价值的内涵和形式进行淬炼和发展，从而实现“开来”的目标。

第二节　我国历史文化中的创意资源及转化

文化创意产品设计开发，从表层上来看，似乎是对器物的再设计；究其根本，是对特定时期历史文化资源重新解读、再次激活的过程，更是推动既有历史文化资源重新融入新时代、焕发新生机的过程。在很多情况下，文创产品设计工作者犹如传统文化与现代生活之间的“转译者”：一方面要深入了解特定时期的历史文化资源；另一方面要密切感知当下文化需求，进而通过发挥创意能力，连接古今、古为今用。因此，在文创产品设计开发工作中，文化是“土壤”、创意是“种子”，而设计仅是“工具”。

我们对历史的认知大致可分为“传说的历史”“考古的历史”与“文字的历史”。就某种意义而言，历史即文化，文化即历史，二者只是“人类发展过程”这枚硬币的两个面。我们对历史的研究就是在探讨文化的成因，而我们对文化的研究则是在确证历史的过程。

中国由考古发现的人类聚居史，至少可以追溯到二百多万年前的西侯度文化，而后又出现较为代表性的元谋人、蓝田猿人、北京猿人等。但仅就目前的人种研究理论而言，我们很难将旧石器时代的早期“能人”认定为后期“智人”的祖先。但无论如何，距今三万年左右的山顶洞人已进入旧石器时代晚期，华夏民族史前进化史的脉络逐渐清晰。当我们在仙人洞遗址、彭头山遗址、后李遗址中发现陶器，贾湖文化遗址发现骨笛时，便无可辩驳华夏民族此时确已进入文明时代。

一、先秦时期

（一）历史脉络

华人自称炎黄子孙，将炎帝神农氏与黄帝轩辕氏共同尊奉为中华民族人文初祖。但在神农氏与轩辕氏之前，也有异常丰富的神话传说，如盘古开天辟地，有巢氏“教之巢居”，燧人氏发明“钻木取火”，伏羲氏演八卦、教民渔猎、驯养动物、创作音乐等，女娲氏造人补天等。《尚书大传》中将燧人、伏羲、神农并称“三皇”；《大戴礼记》将黄帝、颛顼、帝喾、尧、舜并称“五帝”，这种排序顺序与司马迁《史记》中的排序也是一致的。

大禹之后，其子启结束了禅让制，开启了父子相传或兄终弟及的“家天下”制度。夏桀为商汤所灭，商纣为周武王所灭。公元前 841 年，周厉王执政期间，发生“国人暴动”，周厉王出奔，由召穆公、周定公共同主持政事，被称为“周召共和”，这一年也成为此后我国有明确纪年的开始。公元前 771 年，周幽王“烽火戏诸侯”而为西戎攻破镐京。公元前 770 年，周平王即位迁都洛邑，西周灭亡，东周开始。自公元前 770—前 221 年，此间 549 年被分为春秋与战国时代，“春秋”因孔子所编撰的编年史《春秋》而得名；战国时代则以公元前 475 年为始并以西汉刘向所编《战国策》而得名。之后，秦国先后消灭韩、赵、魏、楚、燕、齐六国，于公元前 221 年结束了自春秋战国五百年以来诸侯分裂割据的局面，建立秦朝，定都咸阳。

（二）技术与文化资源

1. 夏朝

夏朝最具代表性的文化遗迹为“二里头文化”，二里头遗址中的宫殿清晰可辨，在此出土了大量的石器、玉器、陶器、骨器、蚌器等。并且在二里头遗址中，已发现类似于文字的符号。

2. 商朝

商朝青铜冶炼与铸造技术已进入繁荣时期，青铜器已趋于定型，且出现以高岭土制作的青釉器，已经具备了原始瓷器的特点。一些青铜器的表面有黏附纺织品的痕迹，表明当时已有可以提花的织机。商代漆工艺成熟，玉石雕刻造型生动，工艺精湛。另外，商朝音乐已经有了半音、标准音的概念。甲骨文已具备了今天汉字的结构特征。著名的“三星堆遗址”是迄今在西南地区发现的范围最大、挖掘时间最长、文化内涵最丰富的古城、古国、古蜀文化遗址，被称为 20 世纪人类最伟大的考古发现之一，昭示了长江流域与黄河流域一样，同属中华文明的母体，被誉为“长江文明之源”。

3. 西周

西周时期建立了完整的礼乐文化系统，宗法制与分封制使周文化系统的影响力辐射至中原广大地区。这一时期青铜铸造技术更加成熟，铸造了大量的象征礼法的鼎与象征音乐的钟，青铜器纹饰更加繁复精美，青铜器之上的大篆（金文）文字结构更为均衡。此外，这一时期的纺织、玉器雕刻、战车与武器制造技术也更为发达。

4. 春秋战国

春秋战国时期是一个群雄逐鹿、百家争鸣的时代。各国因相互兼并，纷纷招揽人才以进行改革。以齐桓公、晋文公、秦穆公、宋襄公、楚庄王为代表的春秋霸主交替登台，以秦、齐、楚、韩、赵、魏、燕为代表的战国七雄相互攻伐。这一时期，商业经济得到很大发展，青铜货币的需求量不断增加，度量衡更加精确。文化艺术方面，老子、孔子、墨子、孙子、荀子、韩非子、扁鹊等为代表提出的思想学说深度影响了中华文化走向；《诗经》《楚辞》等作品开中华文学之先河。金银等贵金属应用于贵族日用器皿，青铜器铸造更加精美，如曾侯乙编钟铸造精美，音域宽广，可旋宫转调，是我国文化史上集金属工艺与声学技艺为一体的经典之作。毛笔与竹简已成为文字记录的主要工具；漆器（彩绘）、木雕工艺更为发达；宝石镶嵌、玉石雕刻、错金银工艺已走向成熟；纺织技术走向精湛，纱罗绢锦和刺绣品图案精美，具有很强的装饰性。

二、秦汉时期

（一）历史脉络

自公元前 221 年秦统一全国至 220 年曹丕建魏，这 400 多年是中华民族真正形成“大一统”国家形态与民族性格的重要阶段。秦王朝自统一全国至分崩离析虽仅维系了 15 年，但却以统一文字、货币、度量衡，统一律法，开驰道，修长城，实行郡县制等方式，真正将中国整合为一个统一的、多民族的、中央集权的封建国家，奠定了此后 2000 多年政治制度的基本格局。

自公元前 206 年，刘邦攻占咸阳，推翻秦朝统治，此后又经历了 4 年的楚汉战争，建立汉朝，再次统一全国。汉王朝通过长期休养生息的国策，至文景之治后，国家人口增长、经济繁荣。汉武帝刘彻即位后继而“罢黜百家，独尊儒术”，抑制藩王，打击豪强，实行盐铁专卖、货币专铸制度。通过这些措施，汉王朝从精神上、制度上、经济上再次巩固了中央集权制度，为北击匈奴储备了雄厚的国力。卫青自公元前 129 年开始，7 次率军北击匈奴；霍去病率军奇袭焉支山、祁连山，兵至狼居胥山，登临瀚海；张骞奉命出使西域，打通内地与西域的交通。此后，中原与西域关系密切、往来不断，政治、经济、文化交流频繁。丝绸之路正式开通，大汉影响力得以远播中亚，直抵罗马帝国。公元 9 年，王莽夺取西汉政权，建立新朝；公元 25 年，刘秀灭掉“新莽”“玄汉”政权，再次统一全国，定都洛阳，史称“东汉”。东汉中后期政治腐败，外戚与宦官交替专权，“黄巾起义”后，群雄并起，东汉王朝逐渐走向衰亡。

（二）技术与文化资源

考古发现的遗迹与文物是秦汉社会文化高度发展的见证。秦朝出土了皇帝调动军队的“阳陵虎符”（图 3–2–1）；秦始皇陵陪葬坑出土了气势恢宏的兵马俑、铜车马等。秦朝将文字统一为小篆；秦朝所使“秦半两”的圆形方孔制式沿用 2000 多年。

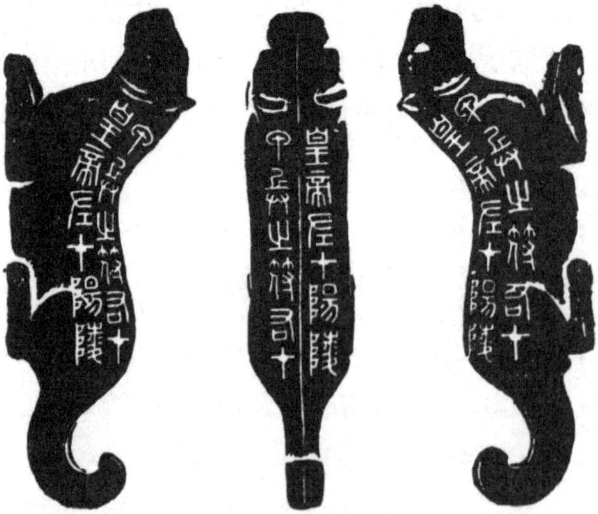

图 3-2-1　阳陵虎符

西汉文字进一步简化，由篆至隶，文字由记录工具发展为艺术形式；蔡伦改造造纸术，极大地促进了文化的传播；铁器大量进入农业生产；汉画像石形象瑰丽，记录着汉代人的生活状态；漆器、青铜、玉器、纺织等制作工艺更为发达。这一时期出土的典型器物如彩绘铜雁鱼灯、铜奔马、西汉错金铜博山炉、居延汉简、长信宫灯、金缕玉衣、击鼓说唱俑等，均呈现出古代中国惊人的文化创造力。

三、魏晋南北朝时期

（一）历史脉络

220—581 年，中国进入了魏晋南北朝分裂割据、民族融合的时期。220 年，曹丕迫汉献帝禅让，立国号为魏；221 年，刘备称帝，国号续为汉，史称“蜀汉”；229 年孙权称帝，立国号为吴，自此开启了三国鼎立的局面。263 年魏灭蜀，265 年司马炎迫魏元帝禅让，建立晋朝，因定都洛阳，史称西晋。280 年，晋灭吴，中国再次呈现短暂统一。晋惠帝在位时期发生的“八王之乱”严重消耗了西晋的国力。316 年，西晋灭亡。此后，北方各族统治者相互攻伐，先后建立了许多国家，史称十六国。317 年，皇族司马睿在南方建立政权，史称东晋，继续延续汉族政权统治。这一时期，北方汉族士族贵戚纷纷躲避战乱，随司马氏南迁，极大地促进了我国南方经济文化的发展。420 年，刘裕夺取东晋政权，建立南朝宋，史称“刘宋”；之后，南方共经历了宋、齐、梁、陈四个朝代，统称为南朝。在北方，淝水之战后，前秦分崩瓦解，北魏太武帝拓跋焘统一北方。493 年，孝文帝拓跋宏迁都洛阳，采取一系列改革措施，推动北魏经济、文化、社会、政治、军事等方面发展，史称“太和改制”，有效地缓解了民族隔阂，促进了文明进步和民族融合。北魏之后，北方又先后建立东魏和西魏、北齐和北周等朝代，统称为北朝。南北朝时期，北方社会的主要特征为民族融合与汉化，江南社会的主要特征为文化南迁与经济发展。

（二）技术与文化资源

魏晋南北朝时期最大的文化特征无外乎修玄问道与佛教兴盛。建安“三曹”与“七子”的文学作品呈现出苍凉刚劲、超脱出世的意境，《洛神赋图》（图 3-2-2）更是魏晋时期艺术风貌的典型代表。两晋时期，以“九品中正制”为代表的士庶官僚制度，使名门望族子弟多尚空谈玄修，但也成就了这一时期风雅超脱、气韵生动的艺术样貌，琴棋书画等艺术形式成为文人生活的重要组成部分。

这一时期南朝之书法绘画，北朝之石刻造型，都达到了有史以来的新高峰。典型书画作品有王羲之的《兰亭集序》、王献之的《中秋帖》、顾恺之的《女史箴图》等；典型石窟遗存有麦积山石窟、莫高窟等。

图 3-2-2　洛神赋图（局部）

四、隋唐时期

（一）历史脉络

公元 581 年，北周贵族杨坚夺取政权建立隋。589 年，隋灭陈，统一全国，结束了自西晋末年以来中国长期分裂的局面。隋朝中央实行三省六部制，地方分州县两级由中央任命，国家以科举制选拔人才，以均田制与租庸调制保证财政收入，这是自秦朝以来，中国古代封建社会最重要的一次治理体系的变革。之后，隋炀帝杨广征高句丽失败，国内矛盾激化，农民起义、贵族叛乱不断。618 年，杨广被杀，同年李渊建立唐朝，定都长安。唐太宗李世民登基后，对内进一步完善三省六部制，增加科举考试科目，鼓励生产；对外攻灭突厥、薛延陀等众多外敌，占据河套、漠南、漠北、安南等地，并在西域地区设立安西都护府。唐太宗虚心纳谏、广纳贤才，在位时期政治清明、社会安定，被称为“贞观之治”。此后在武则天、唐玄宗的持续治理下，大唐呈现出“开元盛世”的繁荣景象。这一时期，唐代华夏文化远播海外，对日本、朝鲜半岛、印度、阿拉伯、东罗马帝国乃至非洲都有深远的影响。由于唐玄宗晚年沉迷于享乐，疏于朝政，社会矛盾尖锐。755 年，节度使安禄山与部下史思明发动叛乱，史称“安史之乱”。唐朝从此由盛转衰，中央的宦官与地方的节度使权势越来越大，社会矛盾越发尖锐。880 年，黄巢攻陷长安。907 年，原黄巢部将朱温废唐哀帝，建立后梁，唐朝灭亡。

（二）技术与文化资源

唐朝的儒、佛、道三教并举，在客观上增进了政治的开放性，促进了经济和文化艺术的繁荣。唐都长安布局规划气魄宏伟、严整开朗，有中外商贾“二百二十行”之多，为使臣商旅云集之地，是一个开放性的国际大都市。唐代的手工业十分发达，既有官营作坊，又有私营作坊，丝绸、金银器、“唐三彩”均已达到炉火纯青的地步。盛唐前后，无论是诗歌、散文，还是建筑、音乐、绘画、雕塑、杂技、舞蹈、书法和工艺美术，都取得了突飞猛进的成就，呈现出远超秦汉的繁荣。

唐代敢于和乐于吸收外来文化，其文学艺术无论在内容上还是形式上，都具有鲜明的时代特色。这一时期绘画类代表作品有张萱《虢国夫人游春图》《捣练图》(图 3−2−3)、阎立本《步辇图》《历代帝王图》、吴道子《送子天王图》等。书法方面的代表作品有欧阳询的《九成宫醴泉铭》、颜真卿的《多宝塔碑》《颜氏家庙碑》《祭侄文稿》和柳公权的《玄秘塔碑》等。

图 3-2-3　捣练图（局部）

唐代工艺美术典型器物有鸳鸯莲瓣纹金碗、鎏金舞马衔杯纹银壶、三彩釉陶载乐骆驼（图 3-2-4）、青釉褐彩诗句瓷壶、鎏金双狐纹双桃形银盘、鎏金鹦鹉纹提梁银罐、银鎏金“论语玉烛”龟形酒筹筒、青釉凤首龙柄壶等。

图 3-2-4　三彩釉陶载乐骆驼

五、五代十国与宋辽夏金元

（一）历史脉络

自公元 907 年唐朝灭亡至 1368 年明朝建立，此 461 年是我国民族大融合的又一个重要时期。唐末朱温篡唐自立，改国号为梁，建都于开封，史称“后梁”。后梁以后继起的朝代，史称后唐、后晋、后汉、后周，与后梁合称为五代。除五代外，还先后存在过一些封建割据政权，其中有吴、前蜀、吴越、楚、闽、南汉、荆南（南平）、后蜀、南唐、北汉等国，历史上叫作“十国”。这一历史时期称为“五代十国”。“五代十国”短暂分裂后，960 年，后周大将赵匡胤在陈桥驿发动兵变，夺取后周政权，定都开封，建立宋朝，史称北宋。宋军随即南下，结束了中原与江南的分裂局面。与北宋先后并立的北方少数民族政权包括由契丹族建立的辽与党项族建立的夏（史称西夏）。长期以来，北宋实际并不掌握中国北方与西南地区的控制权，也为此后的南宋偏安一隅埋下了伏笔。1115 年女真领袖完颜阿骨打称帝建金，此后攻灭了辽与北宋。1127 年，赵构定都临安，建立南宋。1234 年，金朝为蒙古所亡，1271 年，忽必烈改国号为大元，之后定都于大都（今北京）。1279 年，元朝灭亡南宋流亡政权。1368 年，朱元璋建立明朝，之后攻占大都，元朝灭亡。

（二）技术与文化资源

两宋时期，统治者虽常实行妥协求和的外交政策，割地纳币；但君臣共治的开明、宽松的政治环境，使宋代经济繁荣、文化鼎盛、科学创新高度繁荣，儒释道史得到全方位发展。且宋朝时期没有严重的宦官专权和军阀割据，兵变、民乱次数与规模在中国历史上也相对较少。兴起于勾栏瓦舍的“宋词”饮誉后世，成为宋代最典型的文艺形式。北宋时期，作为纸币的“官交子”开始正式发行；南宋时期，造船业发达，海上丝绸之路将我国的丝、瓷、茶远销世界。陈寅恪言：“华夏民族之文化，历数千载之演进，造极于赵宋之世。”①

宋朝的各类技术水平发展到了新的高峰。宋朝官窑、民窑遍布全国。时有开封官窑、汝窑、钧窑、哥窑、景德镇窑、建窑、定窑等名瓷窑，不同窑口的瓷器各具特色。其中最具代表性的有汝窑天青釉弦纹樽、钧窑三羊尊、哥窑青釉鱼耳炉、定窑白釉孩儿枕等。所产宋瓷通过海上丝绸之路远销海外，如日本、高丽、印度等地区。宋朝的丝、麻、毛纺织业都非常发达。南宋时期，广东雷州半岛地区和广西南部成为棉纺织业的中心。造纸业的发展推动了文化传播。渝川地区的布头笺、冷金笺、麻纸、竹纸，安徽的凝霜纸、澄心堂纸，浙江的藤纸等都闻名于世。宋朝商业繁盛，通行的货币有铜钱、白银。宋仁宗时期，政府开始印造一种纸币，是为“官交子”，这是世界上最早的纸币。另外，北宋还发现了我国最早的商标印刷品。

瓦舍是两宋时期市民重要的游乐场所，内有勾栏，专供大众娱乐。瓦舍中演出的内容主要包括说唱、戏剧、杂技和武术等，呈现商业化、专业化、通俗化、大众化的新趋势。

五代十国与两宋时期，绘画类代表作品有顾闳中的《韩熙载夜宴图》、赵岩的《八达春游图》、王希孟的《千里江山图》、张择端的《清明上河图》、赵佶的《瑞

① 张闶．值得铭记的中国历史断面 [J]．新阅读，2023(03)：58—60.

鹤图》《文会图》等。书法方面，以苏轼、黄庭坚、米芾和蔡襄并称的“宋四家”最为著名。盛时泰在《苍润轩碑跋》中写道：“宋世称能书者，四家独胜。然四家之中，苏蕴藉，黄流丽，米峭拔，而蔡公又独以浑厚居其上。”①

元朝统治期间，北方农业得到恢复，农田面积有所增加，水利建设有所扩大。手工业也有新的成就，制瓷技术及产品的釉色都达到很高的水平。为了保证南北交通通畅，元代统治者将流向洛阳的隋唐大运河，改造成直达北京的大运河，并开辟了南粮北运的海上航线。元代相对包容开放的经济政策，多民族杂居融合的社会环境，使天文学、数学成就居于世界前列。“元曲”成为这一时期最为典型的文艺形式，书法与绘画也发展到新的阶段。元代杰出的绘画作品有黄公望的《富春山居图》，赵孟頫的《鹊华秋色图》，刘贯道的《元世祖出猎图》等。其他工艺品，如“吹笛、击节板陶俑”“元金飞天头饰”等，都具有极高的工艺水准。

六、明清时期

（一）历史脉络

从 1368 年明朝建立到 1911 年清帝逊位，这段时期是中国封建社会和封建制度由巩固到逐渐衰落直至走向灭亡的过程。1368 年，明太祖朱元璋称帝，国号明，定都应天府（南京）。后明成祖朱棣迁都北京，明代北京城是世界上最宏大的皇家建筑群。为巩固北部边防，明政府修筑了西至嘉峪关、东至鸭绿江的长城。明朝后期，封建统治腐朽，社会矛盾日益尖锐，爆发了李自成领导的农民起义。1644 年，李自成攻入北京城，明朝统治被推翻。1616 年，女真族努尔哈赤建立政权，国号金，史称“后金”。1636 年，皇太极称帝，改国号为大清。顺治帝登基后，大清政权于 1644 年经山海关定鼎北京，并击败李自成等政权。清朝前期幅员辽阔，国力强盛。自 1840 年第一次鸦片战争至 1856 年第二次鸦片战争，以及此后的太平天国运动、1894 年中日甲午战争、义和团运动、1900 年八国联军侵华战争，使得清王朝最后 70 年始终处于内忧外患之中。1911 年 10 月，革命党人发动武昌起义并取得成功。1912 年元旦，孙中山在南京就任临时大总统，宣告

① 徐浩俊. 一壶一世界，“尚意”尚传世：走进紫砂组壶“宋四家”的文化之境[J]. 陶瓷科学与艺术，2022，56(3)：164.

“中华民国”成立，清王朝及延续数千年的封建君主专制正式退出中国历史舞台。

（二）技术与文化资源

明代文学以小说达到的艺术成就最高，“三言”“二拍”就是这种话本和拟话本的代表作。《西游记》《水浒传》《三国演义》《金瓶梅》被称为四大奇书。明代剧作接续元杂剧的辉煌，由汤显祖创作的《牡丹亭》最负盛名。绘画艺术方面，“吴门画派”崛起，沈周、文徵明、唐寅、仇英被后世称为“明四家”。此外徐渭、张宏也是明朝代表画家。明人绘《出警入跸图》（图 3–2–5）场面宏大、人物众多、笔法精美，是不可多得的艺术长卷。工艺美术方面如明式家具制作工艺、青花瓷工艺、掐丝珐琅工艺、玉石珠宝雕刻镶嵌工艺、纺织与刺绣工艺均已发展至历史最高水平。

图 3-2-5　出警入跸图（局部）

明清政权对峙并立 28 年间，明朝官员不断被俘或归降清朝统治集团，因而，满汉文化相融，生活方式交织。康熙之后，满族统治者除在服饰与文字保持其民族特色外，其日常用品、饮食起居、生活方式已与汉族差别不大。乾隆时期徽班进京，形成早期京剧。

清代手工艺品的制作更为复杂，装饰也更加繁复，如粉彩镂空转心瓶，藕荷地粉彩花卉纹捧盒、松石绿釉粉彩婴戏图凤耳瓶、掐丝珐琅缠枝莲纹冲耳三足炉等。绘画方面，以意大利人郎世宁为代表的西方画家进入宫廷，使清中期的园林建筑与宫廷绘画呈现出中西合璧的特征。

第三节　我国民俗文化中的创意资源及转化

我国是礼仪之邦，文化大国。“礼仪之邦”是指中国人的日常生活中所普遍表现出来的文化内涵。其言谈举止、举手投足、起居坐卧、吃穿用度皆有“礼”可依，有“典”可循。而这些反映在人们日常生活中的“文化”特征，则是今天文化创意产品设计开发所应着重深耕的沃土，是取之不尽、用之不竭的文化资源。

俗，人从谷声，原意为人们从土地上所养成习得的生存之道。民俗则是民间的风俗习惯。俗语有“十里不同风，百里不同俗”，或曰“五里一风，十里一俗”，说的就是特定人群因其地理区位、自然禀赋、外部环境等差异，经过长期孕育，自然演化出的特有的生产技巧与生活习惯。久而久之，这些生活习惯则以约定俗成、共同认可的方式，被沉淀固定下来，故被称为“俗”。民俗所规范的内容既包括春耕夏耘、秋收冬藏，又包括修路开渠、抬梁架屋，还包括饮食起居、穿衣戴帽，更包括生老病死、婚丧嫁娶。民俗框定着特定区域民众的生产生活与社会交往的基本样式。“俗”不是“理”，却是“理”的群众基础；“理”并非“法”，却是“法”的道德依据。我们通常讲的“情理法”，其“情”为“俗”，其“理”成“礼”，其“法”则不过是“情理”在民俗中所必须坚持、成文固化的强制条文。因此，“法”的形成，是不同“礼俗”的最大公约数，是族群不断融合、彼此纠缠、相互妥协的结果。可见，民俗才是维系社会稳定的最大“不成文法”，是“心领神会”，是“心照不宣”，更是“心心相印”。本质上，民俗即为人们在共同生产劳动、改造自然、生存繁衍过程中，所逐步达成的社交基础。遵从民俗则融入群体，排斥民俗则被孤立。

民俗虽为礼法的基础，却又不是礼法本身，并不具有强制性。因此，民俗的延续传播，则需要借助于文化渲染，形成传播张力。久而久之，民俗的生活经验本质，逐步被故事传说、信俗崇拜、诗歌谚语、行为禁忌等方式所解释、转译。人们的言谈举止、生活习惯通通被赋予了象征意义与文化内涵，使其深入人心，代代相传。因此，今天我们所保护的“非物质文化遗产”，只不过是在保护“民间习俗”典型化的外在文化载体。我们与其说是在保护“非物质文化遗产”，不如说是通过保护“非物质文化遗产”的形式，尽力维系其背后的民间风俗文化生态。

本节内容以我国晋鲁豫地区的生产民俗、日常民俗、节庆民俗、游艺民俗、民间信俗等为研究对象，以现代文化产品设计开发为视角，提纲挈领、简明扼要地撷取我国民俗中的重点资源，并与本书所重点阐述的历史、非物质文化遗产等部分相互印证，共同构成本书文创产品设计开发的文化资源基础。

一、传统节日中的文化创意

自古以来，以农耕文化为主体的中华民族，将春耕、夏耘、秋收、冬藏视为生存的根本，并在此基础上制定历法、确定节气、展开协助，形成各种社会关系。数千年来，在黄河中下游地区世代耕作的先民，将土地上获得的生产经验逐步固定成以“时令节气”为代表的农业历法上。历法是古人们用来指导农事的“规矩尺”，是帮助农民获得丰收的“定盘星”。

二十四节气是我国古代劳动人民长期实践的智慧结晶，包括立春、雨水、惊蛰、春分、清明、谷雨、立夏、小满、芒种、夏至、小暑、大暑、立秋、处暑、白露、秋分、寒露、霜降、立冬、小雪、大雪、冬至、小寒、大寒。而在这些时令节气中，那些处于春耕、夏耘、秋收、冬藏等农事活动的重要节点，便成为人们祭祀诸神祖先、缅怀圣人先贤、祈祷风调雨顺、盼望丰收富足、欢庆安康团圆的节日。

（一）春季节庆民俗

立春，俗称“打春”，二十四节气之首，在大寒之后的第 15 天。古人认为，这一天是春天的开始，意味着一切周而复始，万物更生。自秦汉以来，每至立春，人们都会举行盛大的拜神祭祖、纳福祈年、驱邪攘灾、除旧布新、迎春和农耕等庆典，形成今天“春节”的基本框架。立春之日，旧时北方各地都有祭“芒神”和“打春牛”的风俗（图 3–3–1）。

“春牛”一般以桑拓木胎为骨，泥皮为面。“春牛”身高四尺，代表四季；头尾长八尺，象征八节；尾长一尺二寸，代表十二月；打春牛的鞭子一般为二尺四寸的柳枝制成，寓意二十四节气。“打春牛”仪式一般为地方政府主导，地方官吏主持。地方官吏象征性地鞭打“春牛”三下，以示劝农，然后退而向芒神揖礼。

接着由差役等人将土牛打碎，民众便争抢被打碎的“春牛土”，俗称“抢春”，抢春者以抢到牛头最吉。春牛与芒神的相对位置，以及鞭打春牛的具体部位，皆有寓意，称为“观春”。若立春在腊月望，则芒神置于春牛之后，鞭打春牛肩，以示春耕早；若立春在正月望，则芒神在牛前，鞭及牛膝，以示春耕晚；芒神戴帽则寓意春暖，光头则示春寒；穿鞋则表示雨水多，赤脚则表示雨水少。打春牛的习俗现在已不多见，但在立春之日，有的农家会将闲了一冬的耕牛牵到地里，象征性地打牛犁地。

图 3-3-1 绘画中的“打春牛”

我国北方地区还有纸扎春牛的风俗，纸扎春牛腹内放置红枣、栗子、核桃、花生等干果，象征以春牛所孕育的丰收富足。打春牛后，春牛腹内干果撒落一地，任由孩子们哄抢讨吉。

“年”字的本意为“谷熟”，《春秋谷梁传》曰：“五谷皆孰（熟）为有年。五谷皆大孰（熟）为大有年。”可见“年”的本意就是农业收获后，人们利用冬季农闲时间，为了庆祝五谷丰登，祭祀祖先诸神，祈祷开春风调雨顺而进行的以家族（家庭）为单位的祭祀典礼与饮宴聚会。

“春节”有辞旧迎新、万物更始的含义，是最隆重的传统节日，强调整个过程的仪式感。因此，“过年”一般是从小年开始，至除夕、大年初一达到高潮，一直持续到正月十五才接近尾声，其间会进行一系列的祭祀庆祝宴乐活动。

旧时腊月二十三为“祭灶日”，家家户户会在这一天祭奠“灶王爷”，北方也称这一天为“小年”。灶王爷传说是玉皇大帝封的“九天东厨司命灶王府君”，也称“灶君”“灶神”等，是执掌厨房的神。中国有“民以食为天”的传统，因此，灶王爷也是民间供养最多、信奉最广的“主神”。民间传说，每年农历腊月二十三（有的地方为腊月二十四），灶王爷会上天言事，向玉皇大帝汇报每家人的所作所为，玉帝据此来安排每家人来年的“善恶报应”。因此，这天晚间，各家各户都会举行“送灶”“辞灶”仪式。通常为长者在灶台上贴新的灶王像（有的地方也贴灶王奶奶）并将去年旧的灶王画像连同一匹纸马一起焚烧，摆上糖瓜（麦芽糖）、柿饼、年糕等甜腻黏牙的供品，其意是黏住灶王爷的嘴，让他嘴甜如蜜，“上天言好事，回宫降吉祥”，全家一起叩拜。腊月二十三“小年”家家户户燃放鞭炮，年味渐浓。小年之后，家家户户开始置办年货，打扫厅堂，制作新装，俗称“忙年”。民间一般为腊月二十三蒸年糕，二十四扫屋（除旧），二十五裱糊窗户（布新），二十六宰羊炖猪，二十七杀鸡宰鹅，二十八煮枣发面，二十九贴春联、炸年货。

年除夕，即农历一年的最后一天，也叫“年三十”。即使当年腊月为小月（即只有二十九天），最后一天仍称“年三十”，以求圆满团圆。这一天，在外地工作的家庭成员，无论多远，都盼望回家过年。“春联”本是“桃符”，是在桃木上雕刻、绘画、书写的辟邪之物，后来逐步演变为纸质的吉祥张贴物。此类张贴物主要包括春联、门神、过门笺等。春联是写在红纸上的两句对仗工整的吉祥语，贴于左右门框。上联贴右边，下联贴左边，门楣上贴四字横批。两个门板上贴“福字”，或是成对的门神。旧时正月里有债主不讨债、官府不抓人的规矩，因此，民间有“贴得早，过得好”的风俗。除贴春联外，旧时家家户户还会贴窗花，以及在家具陈设上贴四字红符的习惯，如在床腿上贴“身体健康”，在橱柜上贴“黄金万两”“衣服满柜”，在车上贴“出行平安”等，以讨好口彩。

年夜饭往往是一年最丰盛、最团圆的家庭聚餐。美酒佳肴主食多有吉庆含义，如鸡取“大吉大利”，鱼取“年年有余”，糕取“步步升高”等。年夜饭后，家庭成员往往围坐在一起，互说吉利话，家长也会给子女“压祟钱”（压岁钱），希望晚辈平安健康。大年三十过了“子时”便为大年初一，古时也称元日、元旦。此时晚辈开始向长辈磕头过年，家家户户煮饺子、放鞭炮。古时有“谁家放得早，谁家过得好”的俗语，谓之“抢年”。大年初一主要活动为五服之内的家族成员相互拜年，同时进行各种庆祝活动，如扭秧歌、舞龙灯等。

祭祀祖先是春节里一项非常重要的活动，旧时世家大族会在家祠中进行，而普通家庭由阖族男性在坟地祭祖的，也有将已故祖先请回家祭祀过年的，谓之“请家堂”。祭祀祖先的目的一是感谢养育之恩，二是向祖先报告上一年的家族情况，三是祈求祖先保佑家族兴旺发达，四是融洽族（家）人感情、加强内部团结。

大年初二，各地多举行“出行”“开市”仪式（有的地区会在大年初五开市），很多店铺开始营业。这一天多地均有“回娘家，拜岳父”的风俗，已婚女子一般会在丈夫的陪伴下回娘家，并携带一定的礼物，新婚夫妻携带的礼物会更加丰厚。

大年初五，俗称“破五”，这一天很多地方也会置办酒席，迎接财神。

正月初八为“谷日”，俗信此日天晴，则会五谷丰登。

正月十五是新年第一个月圆夜，俗称“元宵节”，是春节之后最隆重的节日。这一日最重要的活动是赏花灯、放烟火、吃元宵等。民间俗信，正月十五的灯是吉祥之光，可以驱妖辟邪，除百病。因此，元宵节也被称为“灯节”，旧时各地家家户户制灯、散灯、放灯、送灯。所谓“散灯”，就是祭祀后将供桌上点燃的灯，分别放在门槛两侧、窗台、锅台、畜栏、井、碾、磨等各处；“放灯”是让男孩子提着灯，信步行走摆放到街上、山上、路上、河中等地方；“送灯”则是将灯放在家族祖坟或庙观之中。各地元宵节灯的种类繁多，各具特色。主要有面灯、萝卜灯和彩灯三种。面灯，也叫“面盏”，民间多用白面、豆面或米面捏制，形态多以生肖、神兽为主，祈求健康长寿，寓意人丁兴旺。萝卜灯一般用胡萝卜洗净截段挖坑，然后插入灯芯，注入灯油做成灯。彩灯一般用竹木等材料扎出骨架，外部裱糊纸、绢、纱等材料，其上书写灯谜，设计巧妙、制作精美，多悬挂于街道两侧，供游人观赏品评。

元宵节这一天，各地还会举办各种庙会，群众自发举行各种娱乐游行活动，如踩高跷、赶毛驴、舞狮子、划旱船、打花棍等，锣鼓喧天，甚是热闹。元宵节还有做元宵、送元宵、吃元宵的风俗，北方为“滚”元宵，南方为“包”汤圆，寓意团团圆圆。

农历二月初二谓“龙抬头”，此时北方大部分地区天气渐暖，雨水渐多，万物初绿，一派初春的生机盎然。此日民间有引龙、打囤、煎饼熏虫、击梁辟鼠、炒豆报捷等风俗。“引龙”也称为“引龙填仓”，旧时人们将炉灰从大门外一直洒落至厨房，并绕水缸一周，称为引龙，寓意趋避害虫，引来财富。打囤，也叫“打灰囤”，即用过年期间（正月十五之前）积下的炉草灰，在家中庭院上围成闭合的圆形，象征“囤仓”。人们会在“囤仓”内放置五谷杂粮种子，第二天观察什么种子先发芽，今年就多种什么粮食。

春分后第十五天是清明节，也称“鬼节”，这天要扫墓祭祖。清明节前一二日为寒食节。北方大部分地区，往往将寒食节与清明节合二为一，有冷食、扫墓、插柳、踏青、打秋千、放风筝等活动。插柳、戴柳主要是为了驱毒虫。节前傍晚，人们往往会提前折回柳柏树枝，第二天插入磨盘眼、门口、窗口、屋檐等位置，防止毒虫进入。

（二）夏季节庆民俗

立夏，标志着夏季的开始，此时夏收作物已进入生长后期，年景收成基本定型，因而农谚有“立夏看夏”之说。

农历五月初五为端午节，古时认为五月初五正值阴阳交错，瘟疫毒瘴盛行，是恶月中的恶日，因而需要举行一系列的活动驱邪避瘟，如今一般认为这一天是为了纪念屈原。端午节时多数地区有插艾草、煮鸡蛋、喝雄黄酒、吃粽子、赛龙舟的风俗。插艾草主要用于驱除蚊虫，也有为亲人缝制内部装有驱蚊草药的香荷包。撒龙黄（硫黄）、喝雄黄酒也是为了杀菌驱疫。这一天还有给儿童手腕脚腕缠五彩线驱邪的风俗，俗称“长命缕”或“拴命线”。“长命缕”缠上之后，需待节后的第一场雨后，方可解下丢入雨水之中。

六月初一，一年已经度过一半，因而称为“半年节”“小年下”。相传若遇甲子年或大灾疫之年，百姓往往将这一天当成“大年”来过，以祈祷灾年快些过去。农历六月初六已经进入盛夏，北方地区酷暑难当，这一天，人们会将家中衣物、书籍等物取出，暴晒杀菌，防止生虫，因而这一日也称“晒衣节”。按照传统历法，“夏至”这天白昼最长，夜晚最短，人们普遍有食用清凉汤、凉茶、凉面等习俗。

（三）秋季节庆民俗

中国北方的传统节日，大多集中于春秋两季。春季耕播，人民祈盼风调雨顺，五谷丰登。因而要对天敬畏，对神虔诚，希望祖先保佑，春季节日多以“愉神”为主；秋季是丰收的时节，即便年景稍差，也不至于颗粒无收，所以秋天人们的生活相对宽裕，秋季的节日更多以“悦人”为重，主要包括立秋、乞巧、中元、中秋、重阳等节日。

立秋为大暑之后的十五天，民间有“贴秋膘”“咬秋”等习俗。

七月初七为“乞巧节”，也称七夕节。此时处于棉花收获之前。这一天，家中的女孩子一般会向织女祈求巧手，使其缝纫女红更加娴熟精巧。各地乞巧的风俗不同，一些地区有七夕节制“巧果”作供品的风俗。北方地区乞巧节的饮食主要有面条、水饺、馒头、烙果子等，有些地方还会做一种带有各种吉祥图案的油炸面食，也称“巧果”。

农历七月十五为“中元节”，传说是城隍出巡的日子，这一天主要祭祀祖先和孤魂，因此又叫“鬼节”。因秋季瓜果新鲜，种类丰富，多用作供品，也被称为“瓜节”。

农历八月十五，为“中秋节”，民间认为此日月亮最圆，人伦因顺应天时团聚，因而也被称为“团圆节”。民间将吴刚伐桂、嫦娥奔月、玉兔捣药等传说与中秋节融合，进一步丰富了中秋节的文化内涵。此日有赏月、拜月、食用月饼的风俗。拜月之后，阖家赏月、饮宴、吃月饼，有的地方还会召集乡亲族人畅饮、游戏，孩子们则会将祭祀后的“兔子神”当玩具。在我国很多地区，普遍将中秋节视为看望亲朋好友的重要节日，因此中秋前拜师访友的习俗非常普遍，除赠月饼外，还会赠送酒和水果等。

九九重阳节是秋季最后一个重要节日，在传统文化中“九”为阳数，九月初九谓之“重阳”。此时正值秋菊盛开、茱萸飘香、秋粮丰收之时。因此，各地多有登高祈福、秋游赏菊、佩插茱萸、祭祖敬老等活动。

（四）冬季节庆民俗

据《礼记·月令》记载，进入十月，“天子始裘”，即天子开始穿上冬衣，标志着冬季的正式到来。宋明时期，农历十月初一，天子还会将冬衣赠予大臣，行“授衣”之礼，体现天子对臣僚的关爱。另有民间说法认为，秦朝孟姜女远涉千里，为丈夫范喜良送冬衣，得知丈夫因修筑长城而累死后，痛哭不止，为丈夫焚化冬衣，哭倒长城。因此，民间将这一天称为“寒衣节”。寒衣节与清明节、中元节，并称中国的三大“鬼节”。“十月初一烧寒衣”，是人们追思已故亲人，为其送上冬衣的日子。

冬至日是入冬之后重要的节日，这一天北方地区白昼最短，夜晚最长。古人认为，冬至后阳生，是春归的开始，因此有“冬至似大年”之说。宋代孟元老的《东京梦华录》中有载“十一月冬至，京师最重此节，虽至贫者，一年之间，积累假借，至此日更易新衣，备办饮食，享祀先祖。官放关扑，庆贺往来，一如年节”。可见自宋代开始，民间对冬至日便非常重视。民间有“冬至不端饺子碗，冻掉耳朵没人管”的民谚，北方各地普遍吃饺子、喝羊汤，谓之“祛寒”。

进入农历腊月，此时天寒地冻，旧社会无所依靠的穷人度日越发艰难。为救危扶困、接济穷人，旧时民间普遍有在腊月初八，以杂粮熬粥施舍穷人的风俗。此日除熬腊八粥外，有些家庭还会制作“腊八蒜”。将蒜瓣放在醋中浸泡腌制，一般密封二十三天，至正月初一吃饺子时食用。此时大蒜碧绿如玉，酸辣可口，成为春节吃饺子的最佳辅食。

二、生活民俗中的文化创意

日常生活无非是衣食住行，但就是在这些穿衣戴帽、饮食起居、抱拳拱手的细枝末节之中，最能体现出一个地区民间所特有的习俗。这些习俗是活着的非物质文化遗产，是保持文化多样性最重要的力量源泉。

（一）服饰民俗

服饰是衣裳、冠带、靴履、配饰等装饰人体的物品的总称，具有御寒、遮羞、美化、彰显身份的作用。《易·系辞下》载：“黄帝、尧、舜垂衣裳而天下治，盖取诸乾坤。”《鉴略·三皇纪》有“袭叶为衣裳”，《物原·衣原第十一》中提到“有巢始衣皮”，记载了有巢氏教民用树叶、毛皮做成衣服的故事。中国服饰可以看作由此发端。从几千年的历史来看，中国始终是纺织大国、服装大国。华夏民族的“华”字，在夏商周三代之前，其实与花朵的“花”字通假，其意特指华夏民族先民的“服饰华丽，灿烂如花”。相传轩辕黄帝的元妃首创了种桑养蚕之法与抽丝织绢之术，是以尊为“嫘祖”。宋末元初的黄道婆更是我国历史上著名的棉纺织家、技术改革家。黄道婆对促进我国棉纺织业和棉花种植业的迅速发展发挥了重要作用，被后人誉为“衣被天下”的“女纺织技术家”。

《史记·五帝本纪》载：“帝尧者，放勋。其仁如天，其知如神。就之如日，望之如云。富而不骄，贵而不舒。黄收纯衣，彤车乘白马。”就是说尧戴的是黄色的帽子，穿的是黑色衣裳，朱红色的车子配着白色的马。汉民族服饰形制样式随民族融合、政权更迭、文化影响等因素而不断改变，如赵武灵王胡服骑射、汉武帝北击、南北朝民族融合等，均使汉民族服饰系统产生变动。不过，宽袍大袖、交领右衽可以视为明代之前汉族服饰始终保留的特点。

先秦时期，帝王衮冕的形制多是“上衣下裳”，上衣为玄（黑）象征天，下裳为黄象征地。玄衣为广袖，上有朱、白、苍、黄、玄五彩丝绣织出日、月、星辰、山、龙等图画。裳也用五彩丝绣出宗彝、藻、火等图案。这些图画和图案的花样合称为“十二章纹”。裳前有皮制的芾，朱色，系于腰间革带，蔽之于裳面膝前，裳旁佩玉，裳后系绶（宽丝带做成的花样垂饰），腰间还用大带系束。可见，自尧舜以来，华夏民族的服饰便具有强烈的文化象征意义。

《礼记》中“冠者礼之始也”，就是说冠礼就是礼仪的起点。汉族成年人束发，有“冠笄之礼”。“冠”即为“首上之服”，演化出诸多冠、冕、笄、簪、帽、帻、钗、华胜、步摇等复杂头饰。

西周之后出现了一种直筒式的长衫，将衣、裳连在一起包住身子，这种衣服叫“深衣”。深衣可以作文武官员的次等朝服，也可以做诸侯士大夫饮宴的礼服，还可以作帝王不视朝时的便服。深衣也是庶人参加婚、丧、宾礼、祭礼时穿的礼服，且不分男女都可以穿。平民百姓日常着“襦裤”，襦是短衣，以短衣长裤为常服，不在外面系裙。贫者着褶，即粗布长袄，颜色多为青、黑两色，丧服为白色。

秦代服制与战国时无大差别，保持深衣的基本形制。西汉男女服装，仍沿袭深衣形式。无论单、绵，多是上衣和下裳分裁合缝连为一体，上下依旧不通缝、不通幅。汉初承秦制，大体沿袭，直至东汉明帝时，始参照三代与秦的服制，确立了以冠帽为区别等级的主要标志的冠服制度。服饰整体呈现凝重、典雅的风格。

汉代服饰还实行佩绶制度。佩是身上的玉饰；绶是用来悬挂印佩的丝织带子。佩绶制度在华夏衣冠里为区别等级尊卑的一种显著特征。后来绶的外形、佩戴方式都发生了变化，但其用来区分尊卑的作用一直保留至明代。

魏晋时期规定宫中朝服用红色，常服用紫色。白色为平民百姓的服色。这时的服饰仍以“襦”和“裙”为主。妇女装饰比较考究，有金环、银约指、绕腕的跳脱等。南北朝服饰还有“袍”和“衫”，“衫”在晋时已是必着衣的一种。“裘”

是非正式衣服，指皮衣，在过去极为珍贵，以貂裘为最。

经过魏晋南北朝长达三百多年的民族融合，隋唐时期的汉族服饰呈现出多元化的特征。男子常服为幞头、袍衫、长靿靴。但此时的袍衫与汉晋有明显的不同，式样为圆领、右衽、窄袖、领袖裾无缘边。隋唐女装往往由宫廷妇女服装发展到民间，被纷纷仿效。隋唐时期最时兴的女子衣着是齐胸襦裙和高腰襦裙，即短上衣加长裙，裙腰以绸带高系，几乎及腋下。又有从宫廷传开的“半臂”成为潮流。当时还流行长巾子，是用银花或金银粉绘花的薄纱罗制作而成的，一端固定在半臂的胸带上，再披搭于肩上，旋绕于手臂间，名曰披帛。

宋代服饰大体沿袭唐制，但在服装式样和名称上略有差异。宋代的缺胯袍衫式样有广袖大身和窄袖紧身两种。宋代官员公服、制服之外的日常便服主要是小袖圆领衫和帽带下垂的软翅幞头，脚下着更便于平时起居的便鞋。总的来说，宋代的服饰比较拘谨保守，色彩也不及唐时鲜艳，给人以质朴、洁净、淡雅之感。

元代对上下官民服色等作了统一规定。汉族官员服饰仍多为唐式圆领衣和幞头；蒙古族官员则穿合领衣，戴四方瓦楞帽。中下层官员为便于马上驰骋，最时兴穿腰间多褶的长袍、戴笠子帽。

明代恢复汉族的传统，明太祖朱元璋重新制定汉服服饰制度。明代皇帝戴乌纱折上巾（乌纱翼善冠），帽翅自后部向上竖起。明初要求衣冠恢复唐制，其法服的式样与唐代相近，只是将进贤冠改为梁冠，又增加了忠靖冠等冠式。自唐宋以来，龙袍和黄色就为皇室所专用。明代的公服亦用圆领袍，但这时的幞头外涂黑漆，脚短而阔，名乌纱帽，无官职的平民不得戴。公服除依品级规定服色外，最有特色的是用“补子”表示品级。补子是一块 40～50 厘米见方的绸料，织绣上不同纹样，再缝缀到官服上，胸背各一。官至极品则用玉带，所以“蟒袍玉带”就成为这时大官僚最显赫的装束。日常穿的圆领袍衫则凭衣服长短和袖子大小区分身份，以长、大者为尊。

清朝为满族统治政权，在全国实施“剃发易服”的政策，导致汉族服饰作为日常服饰在清朝淡出历史舞台。男子满族服装多为“袍”服，是在满族传统服饰基础上加以变化，并汲取汉族服装特点。一般袖子比较窄瘦，礼服是箭袖，又称马蹄袖。袍身用纽扣系结。右衽大襟，圆领口。皇室的袍服有前后左右四开气，而士庶男子的袍服只能在左右开气。马褂是清朝特有的满式服装，多为圆领，有对襟、大襟、琵琶襟等式样，有长袖、短袖、大袖、窄袖之分，但均为平袖口。因“剃发易服”政策遭到汉族强烈抵制，清代统治者实行“男从女不从”的服饰政策，汉族妇女依旧保持明代上衣下裳式的袄裙，清代妇女服饰的种类很多，如背心、裙子、大衣、云肩、手笼、抹胸、腰带等。

鞋又称“足衣”，可分为屦、舄、履、屐、鞮、靴等。屦原意是指用麻、葛等编织而成的单底鞋，算是草鞋的一种。后来周王室的贵族也开始穿这种鞋，所以在先秦时期，屦就成了鞋的统称。汉朝建立后，“屦”这个字渐渐被“履”字所取代。屐为木拖，简便凉爽，不分等级、男女，闲居时都可穿用。舄是贵族穿着的厚底鞋，舄底为木头制作，上部用皮革包裹，还经常涂以红、白、黑等颜色。舄头形似笏板，高翘而且宽，可以把垂地长裙的前裾缘挑起，以便向前迈步。鞮就是皮鞋，是指用兽皮制作的鞋，生兽皮制作的称为“革鞮”，熟兽皮制作的称为“韦鞮”。与今天我们所穿的皮鞋不同，在古代穿“鞮”是地位低下、家境贫寒的表现，只有庶民百姓才会穿这种鞋子。靴是一种鞋帮呈圆筒状，高到脚踝以上的鞋。靴子本是古代北方游牧民族所穿，赵武灵王“胡服骑射”后，将靴子引入中原，并逐渐流行开来，唐代之后，官员在正式场合下必须着靴，因而也被称为“朝靴”。古代女鞋多是用锦绣织物、彩帛、皮革做成的花鞋。明代起，上层妇女中已着用高底鞋，并有里高底和外高底之分。

（二）饮食民俗

俗话说“民以食为天”，或者说“百姓开门七件事，柴米油盐酱醋茶”。我国农耕文明发端于黄河流域，华夏先民很早就掌握了培植食用禾本植物的方法。中国饮食多以“五谷杂粮”为主食，并辅以肉蛋奶鱼虾蔬果等。所谓“五谷”，一般指“稻、黍、稷、麦、菽”五种谷物；杂粮则包括玉米、薯类等其他粮食作物。中国的地理环境决定了北方粮食作物多以黍、稷、麦、菽等耐旱作物为主，而南方湿润的环境更适合稻谷的生产。南北气候差异逐步形成了北方人食面、南方人吃米的习惯。

禾本科植物产出的谷物成熟后，干燥后虽便于存储，但嚼咽、消化困难，需要通过水煮或蒸制使谷物重新软化，便于食用与消化。作为三种不同的烹饪方式“蒸”主要针对研磨成“面粉”的谷物，如我们经常食用的蒸糕、蒸馒头、蒸饼等；

“煮”主要针对未经研磨的原始食材，如我们常说的煮饭等；“炖”是“慢煮”，可以使食物更软烂，方便儿童或老人食用，如炖肉、炖鸡等。除以上烹饪方式以外，我国还有“熬、烩、炙、熏、煎、炸、熘”等烹饪方法。考古发现的大量先秦前的炊器，更是印证了我国悠久而辉煌的烹饪历史。

我国的面食种类多样，有以蒸为主的面食，如馒头、花卷、包子、烧卖、粽子、糕等；有以烤为主的面食，如烧饼、月饼、锅盔、馕等；有以煮为主的面食，如面条、饺子、馄饨、汤圆等；有以炸为主的面食，如油条、油饼、麻花、春卷等；还有以烙为主的面食，如烙饼等。

谷物除了蒸煮后食用，还可发酵后酿酒。传说中，夏朝国君少康（杜康）发明了酒。曹操《短歌行》言“何以解忧，唯有杜康”；《说文解字》载“杜康始作秫酒。又名少康，夏朝国君”。可见“杜康酿酒”确成一脉传说。到了商朝，纣王有“酒池肉林，酗酒乱德”的传说。因而，周朝时，周公制礼乐，颁布了《酒诰》以树立和弘扬优良的酒风。夏商周三代，更是以青铜酒器为大宗。

《黄帝内经》云：“五味之美，不可胜计。”中餐讲究“五味调和”，这五味主要是指酸、甘、苦、辛、咸。在“五味”中，最重要的应属由盐而生的“咸”。相传黄帝大臣夙沙氏在齐地煮海为盐，开创华夏制盐先河，被尊为盐业鼻祖，史称盐神、盐宗。

汉唐两代，中原地区与西域贸易频繁，先后从西域引进石榴、芝麻、葡萄、胡萝卜、胡椒、菠菜、丝瓜、西瓜等作物，使中原地区的餐食更加丰富。明朝时期，玉米、薯类、花生等高产农作物传入我国，是明清两代我国人口快速增长的条件之一。

茶被西方人称为“神秘的东方树叶”，是中国最具代表性的饮品。饮茶、品茗成为中国人礼待客人的重要环节。久而久之，中国孕育出的独特茶文化远播东亚，影响世界。茶文化意为饮茶活动过程中形成的文化特征，包括茶具、茶谱、茶艺、茶道、茶德、茶诗、茶联、茶书、茶画、茶学等。

对于中国人，“饮食”绝不仅止于充饥这个层次，而是在漫长的历史中，演进出一套因地取材、因时而就、因题成宴、有礼可循、精致典雅的宴饮社交文化。在我国四大菜系中，相较于川菜、粤菜、淮扬菜，鲁菜是我国历史上唯一自发形成的菜系，更是黄河流域汉民族烹饪文化的代表。

三、居住民俗中的文化创意

我国地貌复杂，有平原、山地、丘陵、高原、盆地等地貌类型，民居建筑也往往因地制宜，就地取材，风格各异。平原地区建筑方正对称，秩序井然；山区丘陵因地布局，错落有致；沿海地区风大天寒，讲究防风保暖。我国古代城市大都扼守交通枢纽，集军事守备、行政治理、商品交换、文化教育为一体。因此形制多方正对称，高墙深池，区域道路分割多东西南北走向，横平竖直。城中心建有各级官署衙门、城隍庙、文庙、关帝庙、土地庙等公共文化建筑，主干道两旁多为店铺门头，是城市的工商业区域。

北方民居多以四合院为主，其建筑思路也多出自“守备”的需要。四合院格局一般多为一进、二进、三进，对应的布局结构类似于“口”字形、“日”字形和“目”字形。“目”字形的“三进”四合院已属于大宅。这种建筑往往坐北朝南，宅门位于四合院东南角。这是八卦之中“巽”的方位（东南），东南方在五行中为风位，是通风之处，所以东南方的宅门叫“巽门”。大门建筑在结构上与最南的“倒座房”往往属同一建筑，宅门对面建影壁，用于遮挡视线，防止煞气。进入大门后向左通过屏门便是前院，与宅门相连的建筑因坐南朝北，门向北开，因而被称为“倒座房”，也可称为南房。这排房子一般分为几个房间，从东到西依次为门房、私塾书房、库房和厕所；由前院通过垂花门（二门）可进入内院，正对二门南向建筑为正房（也可称为正堂、北屋、堂屋），一般为父母长辈的起居会客空间。正房一般为三至五间，中间为会客空间，两侧有东西耳房，可充作厨房或杂物间使用。俗语谓之“上拜高堂”，即是将“堂屋”代指“父母”。

堂屋东西两侧相对的房屋为东、西厢房，两排厢房以东为尊。旧时一个家庭若有两子，各自成婚后没有分家别住，往往东厢房住兄嫂，西厢房住弟媳。若家中只有一子独住，西厢房也可住佣人、长工或租客。俗语说“房东”“东家”，就是长工、租客对住在东厢房主人的代称。堂屋后面的一排房子为“后罩房”，大户人家也可将后罩房建成上下两层，一般是家庭中的女眷居住于此，如未出阁的女儿、陪侍的丫鬟等。通常情况下，非家庭男性成员，不得进入后院；家庭女性成员一般情况也不会迈出二门，俗语谓之“大门不出，二门不迈”。一般情况下，中庭内院可植海棠、柿子、石榴等树木，忌植松、柏、桑、槐、梨、枣树等。庭院中也常放置大缸，平时用于蓄水，突发火灾时用于救火，因此，古时发生火灾谓之“走水”。

乡村民居大体格局与城市四合院类似，多为坐北朝南，依山靠水，前低后高。但山区因地形限制，房屋朝向并不严格固定。窑厂烧制的红砖或青砖价格昂贵、运输不便，因而山区百姓建房多使用石材建造。旧时山区民居石墙皆就地取材，富裕人家建房选用大块规整的石材，错缝搭接，排列有序；经济一般的人家，选用的石材则大小不一，墙体粗糙，有的将方石与碎石块夹杂使用，有的则直接使用不规则的乱石砌筑，再以碎石填缝加固，形成当地特有的民居风格。山东荣成石岛地区盛产红色花岗石，材质坚硬，色彩喜庆，被称为“石岛红”。红色花岗石砌墙，上覆灰色海草顶，形成当地独特的海草房，属于山东省非物质文化遗产。

内陆平原地区的普通民居，也有用土坯砌墙造房。传统土坯砌墙方式多使用“版筑”法，“版”指夹墙板，“筑”指捣土的杵，“版筑”指筑土墙时，夹板中填入泥土，用杵夯实。“挑墙”是指用铁叉挑泥草混合垛起土墙，也叫叉挑墙。叉挑墙省去了脱坯的工序，而直接用泥巴堆砌、铁叉修整，因此有的地方也叫“懒顿”。好的筑墙师傅所筑泥墙可以五十年不倒，坚固耐用，是十里八乡所尊重的手艺人。农居院落往往还会配备饭屋子（厨房）、猪圈、鸡舍、粮囤、地窨子等附属设施。

客家民居是中华文化的瑰宝，在南方建筑里面占有重要地位，主要分布于我国广东、福建、江西和台湾等地区。客家民居在各地有不同的名称，大都以围字命名，如围屋、围村、围堡、围楼、围寨、围村屋、围屋村等，主要有三种样式：客家围屋、客家排屋、福建土楼。与中国其他地区传统民居建筑一样，客家民居也有聚族群居的特点。

“四梁八柱”是旧时支撑民居房屋的主要构件。一些地区的民间俗信中，房屋架梁（上梁）是给宅子里的“屋神”安位的日子。这一天要举行隆重仪式，在梁上挂一方红布，表示屋神在脊桁上安位，保佑家宅安康。脊桁上还会贴写着“安印大吉”红帖，将鞭炮缠在脊桁上，并准备好四条绞梁的大绳和两根绞梁杆子。当主家在房架四周放鞭炮时，表示开始上梁。上梁仪式的高潮即为“浇梁”，就是向梁祭奠酒的意思，即用酒水、面食、铜钱之类的祭祀屋神，并向参加建造的工匠和族人散福。上梁仪式结束后，主家会安排酒宴答谢亲友，犒赏工匠。俗语云“上梁酒，自古有”“喝了上梁酒，能活九十九”。

房屋内部装饰主要是对建筑构件上漆彩绘，原是为了使木结构防潮、防腐、防蛀，后来逐步突出其装饰性，宋代以后彩画已成为重要建筑不可缺少的装饰艺术。可分为三个等级：和玺彩画、旋子彩画和苏式彩画。和玺彩画是等级最高的彩画，其主要图案题材由各种不同的龙或凤的图案组成，间补以花卉图案，且沥粉贴金，金碧辉煌，十分壮丽。旋子彩画的等级次于和玺彩画，画面常用简化形式的涡卷瓣旋花，有时也可画龙凤，一般用于次要宫殿或寺庙中。苏式彩画的等级则低于前两种，图案题材常为山水、人物故事、花鸟鱼虫等。房屋的细节装修还包括石雕、木雕等。专门以替人裱糊棚顶、窗棂、门楣等为业的匠人，则称为裱糊匠。

四、社交民俗中的文化创意

人是社会性的动物，是整个社会组织关系中彼此连接的一个最小单元。婴儿自呱呱坠地时起，便具备了与生俱来的社会关系。向上可通过父母，连接起祖父母、兄姐、叔伯、姑婶、堂兄姐等族亲关系，以及外祖父母、姨舅、表兄姐等外戚关系。随着个人的成长，向下又逐步连接夫妻、子侄、公婆、翁婿、妯娌等关系，对外还要延续扩展至世交、邻里、乡党、师生、同窗、同事等社会关系。因此，本质上，人自诞生之日起，其所继承的并非只是家庭的财富和文化教养，还会继承这个家庭所赋予的一组复杂而有序的社会关系，并扮演着相应的社会角色，承担与之相匹配的社会责任。被儒家文化浸润的传统社会重视“父慈子孝，兄友弟恭，内诚外信”；倡导“仁、义、礼、智、信、忠、孝、悌、忍、善”；遵从“父子有亲，君臣有义，夫妇有别，长幼有序，朋友有信”的社会关系信条。

在古代“三纲五常”的道德设定可以扩展至社会交往的所有关系之中，成为旧时人们相互交往的准则。毋庸置疑，传统的农耕社会具有家国一体、家国同构的特征，所以儒家讲“修身，齐家，治国，平天下”。国就是放大版的家，家就是缩小版的国。君即父，父即君；子侄就是臣属，臣属便是子侄。每个个体正是通过这些约定俗成的交往规范，去处理彼此之间的社会关系，尽力维系家国稳定。

（一）婚嫁礼俗

自西周始，贵族男子满 20 岁行“冠礼”，表示已经成人，可以参加、娶妻生子；女子则在 15 岁后行“笄礼”，及笄之后可以嫁人。后世因时因地而有变化，举行冠礼或笄礼的年岁，各地不一。自古以来，传统社会对延续子嗣、承接香火有着极大的重视。在古代，很多地方儿女行完“成人礼”后，父母便开始为其操持婚事，谈婚论嫁。因而，成人礼与大婚相合并，成为人生之中，除生死之外的第三件大事。

民间传统的婚姻礼俗，主要继承了以鲁国为代表的儒家礼仪，由传统的纳采、问名、纳吉、纳征、请期、亲迎这“六礼”演变而来。不同地方或有增减，但也基本包括议婚、订婚、备喜和迎娶等程序。

所谓“议婚”，就是儿女双方在媒人的撮合下去商议亲事。旧时两家联姻，讲求“门当户对”，要求彼此之间的家族名望、政治地位、经济状况等大体相当。一般情况下，男女双方家长会通过媒人或其他渠道考察对方的家境、德行、人品等情况，若觉得比较合适，便会将孩子的生辰八字、年龄属相等交由专人相看是否匹配，避免相冲相克的情况，这一程序称为“合婚”。合婚之后，若双方八字相合，男女双方家庭也无其他异议，就可进入订婚的环节。

所谓“订婚”，即确定双方儿女的婚姻关系。订婚的仪式分为“小定”与“大定”。小定名曰不一，以“传小启”居多，即由儿女双方家庭相互“换帖”，以书面的形式落实婚姻意图。男方家庭一般会在送女方定帖时，附赠耳坠、戒指、手镯等礼品，称为押帖物。一般情况下，女方回帖时也会回赠男方一些礼品。“小定”之后，男方一般不得悔婚，女方则可悔婚，叫作“羞男不羞女”。大定，也叫“传大启”，指的是双方正式签订婚约，确立婚姻关系，具有法律效力，类似今天的登记结婚。男女双方在换龙凤帖时，也会互赠礼物，一般比“小启”更为丰富贵重，此时男方需送给女方一定数量的订婚钱，以显示对女方家庭的尊重，以及对未来媳妇的认可。大定之后，双方就可以“亲家”的身份相互庆吊。

“备喜”就是指男女双方家庭为正式迎娶所做的准备工作。“送日子”即为确定大婚的具体良辰吉日，并围绕这个时间点进行准备。一般男方家庭准备婚房。婚房的布置也颇有讲究，需按规矩按部就班进行，以求新人婚后吉祥如意、早生贵子。女方主要准备嫁妆，女方家族势力越大、家财越多，陪送的东西也就越多，是彰显身份地位的重要手段。我国各地在迎娶过程及仪式方面存在较大差异，但主要包括迎亲、等亲、送亲等过程和仪式，具体习俗讲究各有不同。在古代，迎娶过程及仪式比较冗长繁杂，讲究颇多，现代虽略有简化，但依然不能少了这几个基本的程序。具体形式，此处不再赘述。

（二）生育礼俗

生儿育女在传统社会是大喜事，与上梁盖屋、结婚等齐。因而，妇女怀孕称为“有喜”“得喜”。旧时妇女一旦怀孕，丈夫往往会带着鸡鸭鱼肉去媳妇娘家道喜，并在其门口燃放鞭炮。

“十月怀胎，一朝分娩”，民间认为怀胎九个月产下的婴儿即为足月，早于九个月叫“抢月”，拖后的叫“懒月”，不足月的孩子有“七活八不活”的俗信。对于预产期拖后的孕妇，孕妇母亲往往会携带礼物登门看望女儿，一般是新生孩子使用的物品以及孕妇产后恢复的营养品，期望女儿早日分娩，这种风俗叫“催生”。

旧时妇女一般在家中产子，分娩过程中的婴儿降生，通常不能生在床上，怕血污冲撞了“床神”，对母子不利。因而，在妇女分娩时，一些地区会在床上铺谷草、麦秸、麦草等做成草垫，孕妇分娩孩子生在草上，因而称分娩为“落草”；还有一些地区，也有孕妇在大盆里生产的，因此叫“临盆”。产妇分娩后，身体虚弱，重滋补、怕风寒，因此，产后三天不下床、一个月不出门，俗称“坐月子”。

旧时民间认为，婴儿出生后的前三天，生命非常脆弱，容易夭折。因此会待孩子平安度过三天，确保生命无虞，再向亲朋好友通报添丁入口的喜讯，称为“报喜”。我国很多地区会以不同的方式“报喜”。有的会在自家门口挂桃枝红布报喜称为“挑红”。各地挑红的悬挂物品与样式虽有所区别，但大致都是在大门口房檐中间插桃枝，并在桃枝上系红布条，得子则在宅门左侧挂“弓”，生女则在宅门右侧悬挂“佩巾”，这是古代“悬弧”“设帨”的遗风。也有的地方，除在桃枝上悬挂红布条外，还会悬挂枣、栗子、葱（聪明）、铜钱（富裕）、染红的大蒜（精打细算）、白果、花生（长寿）等物品，表达期望孩子健康成长、文武双全、秀外慧中等美好祝福。

有的地区，家中得子添丁则向亲友赠送“红鸡蛋”报喜。用红纸染过的鸡蛋叫“报喜蛋”“红吉子”等。有的地方送双数表示生男孩，送单数表示生女孩。亲朋好友也会回赠鸡蛋、红糖、婴儿服装用品之类贺喜。还有一些地方向亲友报喜会送“喜面”，即煮好的面条，象征家族长长远远、子嗣延绵不绝。收到喜面的人会在空碗中放上钱币、鸡蛋或米作为回礼，表示婴儿见财。给产妇娘家报喜更是生育礼俗的重要环节，一般由丈夫带着礼物向岳父母报喜，赠送的礼物各有特点，但此环节不可忽略，否则会被视为婆家失礼。

除向亲朋好友报喜外，还要给婴儿沐浴，称为“洗三”或“洗三朝”，意为去除婴儿生产时的秽污，预防疾病，也是为了给孩子壮胆，长大之后临事不慌。给婴儿洗澡的热水中一般会放入艾叶、花椒等草药，杀菌消毒。也有的地方会放入葱姜等，希望孩子将来聪明伶俐。

时至今日，我国大部分地区都比较重视婴儿降生后的一个月、一百天、一周岁、三周岁这几个时间点，并会为孩子举行相应的庆祝活动。婴儿出生后一个月，称为“满月”。因为通过一个月的观察，基本可以确定孩子身体的各项特征正常稳定、健康。孩子家长会宴请亲朋，为孩子办“过满月”，谓之“弥月之喜”。亲朋好友也会赠送贺礼，表达祝贺。满月酒主要宴请女方家亲友，如孩子的外祖父母、舅姨亲属等，以示答谢，男方亲属张罗作陪。满月当天，很多地方还会给孩子“剃满月头”。

婴儿降生百日，身体日渐结实强壮，家人也会举行相应的庆祝，叫“做百日”“过百岁”等。这一天，各地大都会为孩子举行穿衣仪式，给孩子戴上长命锁、手镯、脚镯、帽子等物品，身上穿戴尽量齐全。待孩子穿戴整齐后，还要坐布老虎，此时家人会将准备好的糖果、花生等大把大把地向天上撒，任由人们哄抢。北方有些地区，外祖母还会为孩子扎条裤子作为贺礼，裤腿中一般会放置馍馍、核桃、硬币等物品。给孩子穿裤子时，孩子会将裤子里的东西蹬出来，家长同时会说“左蹬馍、右蹬钱，孩子活到万万年”。“过百岁”时所有的活动，都是为了给孩子祈福祈岁。

孩子满一岁，古称“周”，现称“周岁”，家长会宴请亲朋好友，客人也会为孩子送上各式礼物。旧时这一天会为孩子举行“抓周”仪式，观察孩子的兴趣爱好，预测孩子长大成人后的事业走势。依各地民俗不同，家长会在孩子面前摆放文房四宝、算盘尺子、弓箭珍宝、针头线脑、玩具糕点等各式器物，任由孩子抓取。如孩子抓取印章，则谓长大后官运亨通；若抓文具则会考取功名；若抓算盘，必成陶朱事业等。这种活动多半是家庭游戏，付之一笑而已，很少有人相信此举就会决定孩子的前途命运。孩子过完三岁生日，表示婴儿时期结束了。此后每逢孩子生日，家长仍然会给孩子准备美食、礼物，以表达对孩子的美好祝愿。

（三）寿诞礼俗

中国人过生日，在传统上有重两头、轻中间的特点，即比较看重新生儿一至三岁的生日和老人六十岁之后的寿辰。给婴儿过生日称为“庆生”，给老人过生日称为“做寿”。俗话说“孩生日，娘苦日”“怀胎十月报娘恩”，因此，成年人在自己生日这天，一般会感谢母亲的生养之恩。

按照传统，只有老人才称“寿”，庆祝活动称为“做寿”“祝寿”。但什么年龄可以称为“老人”，各地则有不同风俗。一般而言，60 年为一甲子，年过六旬的人可以“做寿”；也有的地方，年过半百即视为老人，可以“做寿”；还有的地方，已经抱上了孙子，就可以“做寿”，而不拘于年龄限制。

民间对于不同年龄的寿诞也有特定的称谓，有的地方称六十岁为“下寿”，七十岁为“中寿”，八十岁为“上寿”，九十岁为“耆寿”，百岁为“百寿”。其中七十七岁曰“喜寿”，八十八岁曰“米寿”，九十九岁曰“白寿”，一百零八岁曰“茶寿”。老年人一般逢十为“整寿”，祝寿礼仪隆重，尤其是六十岁、八十岁这两个生日，庆祝甚隆。其他不是整寿的“散生日”，只做一般庆祝，基本不邀请亲戚之外的人参加。但也有些地方回避“整寿”，谓之“过九不过十”，“九”是至阳之数，又与“久”同音，寓意天长地久；而“十”与“死”谐音，民间忌讳，因而一般提前一年庆祝。如“五十九岁”当“六十岁”来过，“六十九岁”作为“七十岁”来过。

寿辰当日一般会准备寿桃、寿面、寿糕、寿字馒头等，上贴寿字剪纸，糕点尽可能叠成山形，寓意“寿比南山”。席中绝不能缺长寿面，最好是长长的一根，一口不断地吃下去，寓意长寿绵延。古时的寿辰礼俗颇丰，现如今虽有简化，但依然受到老百姓的重视。

第四节　我国非物质文化遗产资源中的创意资源及转化

有形的“物质文化遗产”与无形的“非物质文化遗产”是一个整体，共同构建了中华优秀传统文化的整体样貌。如果仅仅对特定区域自然历史遗迹与物质文化遗产采取保护措施，而不对该区域民众普遍认同的且世代延续的生活方式、文化礼仪、口头传说、风俗习惯、造物智慧进行完整系统的保护，则无异于将文化遗产视为“死的标本”，最终，有形的“物质文化遗产”会因为缺乏“活态文化系统”而失去价值。在文创产品设计实践中，设计师不但要深入研究有形的历史文化资源中所蕴含的器物特征及其文化语义，更要关注无形的非物质文化遗产所呈现出的特有的生活方式、造物智慧以及审美意境。

国家级非物质文化遗产代表性项目名录将非物质文化遗产分为十大门类，分别为民间文学，传统音乐，传统舞蹈，传统戏剧，曲艺，传统体育、游艺与杂技，传统美术，传统技艺，传统医药，民俗。

我国非物质文化遗产项目众多，以下仅从文创产品设计开发着眼，对民间文学类，传统音乐类，传统舞蹈类，传统美术类，传统体育、游艺与杂技类进行简要介绍。

一、民间文学

汉语结构形式多样，书写复杂，且字形与发音之间并无直接联系。因而，即使是将汉语作为母语的中国人，也必须经历较长时间的学习过程，才能掌握汉字的识记与书写。

我国民间有着以口头形式进行集体创作、流传、修改加工的文学形式，称为“神话传说”或“民间故事”。神话传说虽有别于由文字构成的信史，但却往往比信史更加久远、内容更为丰富、表述更为生动，是信史骨架上的血肉。民间故事更是包罗万象，体现了人民群众的生命感悟与生活智慧，是人民群众形成善恶评价、施行自我教化的基础。因此，这些民间文学作为我国重要的非物质文化遗产，目前已以文字、声音、影像等方式被加以保护。

我国的民间文学概括起来大体可分为“始祖传说”“神话传说”“人物传说”“民间故事”等几类，当这些民间传说以“说唱”形式讲述时，则形成各地所特有的“说唱歌舞”形式。这些说唱形式虽没有成熟戏曲那样系统完善，但也集合了特定区域的方言俚语、民俗风情，是最真实、最生动的民间文艺形式。

“始祖传说”，如盘古传说、女娲传说、炎帝传说等，大多早于正史，虽未必全然可信，但也并非有悖于正史。实际上，《史记》中的“五帝本纪”也多有司马迁对当时共识性传说的提炼。在大量的“神话传说”与“民间故事”中，如白蛇传说、八仙传说、董永传说等，人民群众并不禁锢于儒释道三家之中，而是通过瑰丽的想象、生动的人物，将儒家仁义道德、佛教因果报应、道家升仙得道通通糅合于故事之中，形成教人向善的“劝人方”。在很多地方的民间故事中还包括了原始宗教内容，成为人类学研究的重要依据。众多的“人物传说”，如二十四孝传说、孟母教子传说、杨家将传说、李时珍传说等，包含着故乡民众对当地“名人先贤”的追思与怀念，更包含了对身边榜样的颂扬与崇拜，发挥了以“身边事”教育“身边人”的作用。

二、传统音乐与传统舞蹈

《毛诗序》中有“诗者，志之所之也。在心为志，发言为诗。情动于中而形于言，言之不足故嗟叹之；嗟叹之不足，故永歌之；永歌之不足，不知手之舞之，足之蹈之也”。其大意为：诗，就是心中的志向与希望。存在心中的希望，一旦以语言的方式表达出来，便是诗。这就是心灵被情感所触动而情不自禁的语言表达。语言尚不能表达内心的情感，便会感叹连连；感叹还不足以表达其情感，便会有感情地吟咏与歌唱；歌唱仍不足以表达内心的情绪，便会情不自禁地双手舞动、双足跳动。换言之，所谓歌舞，其实是情之所至的自然流露，是内心情感的生动表达。《诗经》作为中华民族诗歌的开端，其实是先秦时期关于民间与庙堂之上的歌曲的“歌词”。有歌曲，便有音乐、有舞蹈。可见，中华民族具有悠久的音乐、歌舞历史。

《左传·成公·成公十三年》中有“国之大事，在祀与戎”。换言之，国家最重要大事，无非是对内祭祀与对外战争。祭祀先祖神灵是为了祈求国家风调雨顺、开疆辟土、兴旺发达；对外战争则必须保证号令统一、集体行动。因此，就早期的原始歌舞而言，其起源往往来自劳动场景、战争行为与祭祀活动。

古人在搬运重物、打夯抬梁、纤船拉车的劳动过程中，需要统一人们的发力节奏，因此产生“搬运号子”“江河号子”“海洋号子”等；在播种插秧、收麦打场的过程中，也需要统一的节奏来指导生产、调节气氛，各地便有了“四季生产调”“采茶调”等；在行兵布阵、指挥战争中，便需要“闻鼓声而进，闻金声而退”，因而，各地有了各式各样的“鼓乐”和“鼓舞”，如鲁西南鼓吹乐、晋南威风锣鼓、韩城行鼓、兰州太平鼓、安塞腰鼓等；农业丰收、战争胜利后，则需要庆祝丰收以娱人、迎接凯旋以犒军、祭祀神灵以飨祖，因而各地便有不同形式的民间祭祀庆祝歌舞，如秧歌、龙舞、狮舞、高跷、乞粒舞等。

三、传统美术

“美”是人们的基本需要。文化越悠久，审美也就越精致。评价一个民族的文明程度，不一定要去考察该民族的宫殿、绘画、陵墓等庙堂经典，仅观察其民众日常起居之物、茶酒饮食之器，便能感受到该民族对待生活的态度，以及承续文化的深度。中国作为世界文明古国，美术贯穿于我们的传统社会生活之中，是上至王侯公卿、下至庶人百工的必要技能。

旧时中国女性讲“三从四德”，在“三从四德”中，“妇功”是对女性是否称得上秀外慧中、温良和顺的重要评价标志。这里讲的“妇功”主要指织布、染织、缝纫、刺绣、编结、剪花、面花等女性日常工作。在倡导“女子无才便是德”以至于绝大多数女性甚至目不识丁的年代里，女性却在日常“女红”工作中呈现出高超的审美感受与美术技能。手艺人也在抬梁架屋、饮食起居、生老病死、拜神祭祖、婚丧嫁娶、节日庆典中表现出丰富的工艺美术技能。这些民间传统美术技巧，丰富了器物的审美形式，装点了人们的日常生活，满足了人们的情感需要，成为今天非物质文化遗产的重要组成部分。在我国传统工艺美术中，木版年画、手工剪纸、挑花刺绣、雕刻镶嵌、编织彩扎、建筑彩绘、面泥塑造等可谓“大宗”，历史悠久、流派众多，渗透在生活的方方面面。

四、传统体育、游艺与杂技

武术不仅是中国传统体育项目最具代表性的名片，也是中国传统游艺活动。武术可以理解为“制止干戈的办法”，或是消停战事、维护和平的技术，即“止戈为武”。商周时期，军队利用“武舞”来训练士兵，鼓舞士气。故认为武术可以以舞蹈形式演练。中国武术强调“上武得道，平天下；中武入喆，安身心；下武精技，防侵害”，所以，武术并不是一味地强调“搏击”，其对内的强身健体作用远大于其对外的攻击伤害意图。因此，它不仅是“技”的层次，而早已“以武入哲”，升华到“道”的范畴。

如太极拳，其拳名源出《周易·系辞》："易有太极，是生两仪。""太"就是大的意思，"极"就是开始或顶点的意思。宋朝周敦颐在《太极图说》中第一句话就是"无极而太极"，并非说太极从无极产生，而是"太极本无极"之意，意即"太极"是产生万物的本源，含有"至高、至极、绝对、唯一"之意，太极拳取的也是这个意思。目前，河北永年杨氏太极拳、河南焦作陈氏太极拳、河北永年武氏太极拳、北京大兴吴氏太极拳、天津武清李氏太极拳、河北任县王其和太极拳、河南温县和氏太极拳等均已被列入国家非物质文化遗产代表性项目名录。

又如八段锦，则是结合了"舞蹈"与"武术"的两种特点，形成了一套完整独立的健身功法。正如明朝高濂在其所著《遵生八笺》中"八段锦导引法"所讲："子后午前做，造化合乾坤。循环次第转，八卦是良因。""锦"字，是由"金""帛"组成，以表示其精美华贵。除此之外，"锦"字还可理解为单个导引术式的汇集，如丝锦那样连绵不断，是一套完整的健身方法。

中国杂技则将中国的"武术"与"体育"项目糅合，形成中国特有的游艺观赏项目。杂技大体源于原始先民狩猎中，逐步形成的劳动技能和自卫攻防技巧，在休息和娱乐时被再现为一种自娱游戏的技艺表演，这就形成了最早的杂技艺术。《汉书·武帝纪》中有记载"三年春，作角抵戏。"此处的"角抵戏"实为"两两相当角力，角技艺射御，故名角抵，盖杂技乐也"。我国传统的中幡、抖空竹、花毽、翻九楼、高杆船技、戏法等，皆有杂技的特征。

第四章　博物馆文化创意产品设计策略

本章的主要内容为博物馆文化创意产品设计策略，详细论述了博物馆文化创意产品的设计原则、博物馆文化创意产品的设计方法、博物馆文化创意产品的设计流程。

第一节　博物馆文化创意产品的设计原则

当前，我国博物馆文化创意产业尚处于起步阶段，因而博物馆文化创意产品的研发设计多数还存在一些问题：第一，产品质量不够高，使用体验不尽如人意；第二，文化内涵欠缺，未能充分贴切博物馆的宗旨；第三，外观平凡无奇，缺乏引人注目的审美设计；第四，照搬古代文物元素，缺乏现代生活创意；第五，造型单一，艺术设计偏重理性；第六，所呈现的面貌偏向于严肃的教化，缺乏足够的趣味性；第七，陈列形式单一，产品设计呈现高度同质化的特征，缺乏鲜明的特色和亮点；第八，产品呈现分散状态，缺乏明显的博物馆品牌标识，品牌知名度不高；第九，产品适用人群较差，即难以满足各年龄段或不同背景的人群。本书以国外典型博物馆案例为研究对象，分析总结其成功的原因，以期对我国博物馆文创产品设计有所裨益。欧美博物馆作为文化创意产品开发的“先行者”，在初期开发过程中也遭遇了类似的问题，但通过深入调研市场、加强研发设计、完善产品结构等措施，使这些问题得到了解决。为此，我国博物馆可从中汲取相关经验，以有效解决在文化创意产业发展初级阶段遇到的问题。目前国内博物馆在文化创意产品研发设计方面还存在一些共性的问题。本书结合国际博物馆学界和设计界的观点与经验，同时依据我国博物馆文化创意产品研发设计阶段的问题，特提出如下几点设计原则。

一、精品设计原则提升产品使用舒适度和便利性

文化创意产品质量良莠不齐，一直是备受关注的问题。实际上，要想提高文化创意产品的质量与档次，关键是要使文化创意产品具备普通商品的使用价值和使用功能，并通过文化创意产品所附加的文化艺术因子，展现独特的符号意义。在当今消费型社会中，企业要想实现永续经营，必须严格把控产品质量，这也是文化创意产品在众多功能相似的产品中脱颖而出，从而赢得消费者青睐的重要因素之一。文化创意产品作为一种特殊商品，它的成功与否不仅取决于其本身是否有良好的设计与制作工艺，还在于其能否为消费者带来精神享受与情感满足。因此，对于文化创意产品而言，其所蕴含的文化内涵与品质同等重要，二者相辅相成、缺一不可。故宫博物院前院长单霁翔曾强调，北京故宫博物院在下一步的文化创意产品开发中，应注重提高产品的技术含量和附加值，必须在产品的生产制造工艺和技术方面严格筛选和控制，树立"精品意识"。

对于文化创意产品设计来说，所谓的"精品意识"（即"精品原则"），就是追求产品的材质、色彩装饰、造型、细节布局、生产工艺等，以精益求精的态度呈现产品外观。在此基础上，还应该充分考虑产品的功能性设计，通过合理运用人体工程学、设计心理学等相关理论，确保产品在便捷性和实用性等方面不逊于同类商品，甚至更胜一筹。随着时间的推移，设计产业共经历了五个不同的发展阶段，分别是功能性设计、友好性设计、趣味性设计、新奇性设计、人性化体验设计。如今，各类产品设计更加注重人性化体验。但是，与之不同的是，我国大多数博物馆仍在致力于追求文化创意产品的数量和种类，在"精品意识"方面有待提升。笔者认为，应将"精品"作为博物馆文化创意产品策划与营销策略的出发点和落脚点，坚持走精品化路线。在文化创意类日常用品的研发设计过程中贯彻精品原则并不是简单地提高产品的定价，而是注重每一个细节，融入"精品意识"，为消费者提供卓越的使用体验。

二、深度设计原则有效传达博物馆文化信息

"深度设计原则"，即要求博物馆文化创意产品设计应该有文化深度，不能只彰显产品外观蕴含的文化意象，而应在体现博物馆宗旨和使命的基础上，切实传达博物馆文化信息。

2015 年，北京故宫博物院的文化创意产品备受推崇，赢得了众多消费者的青睐。然而，部分学者认为，与清宫戏相似的“卖萌类”产品太过迎合市场，违背了博物馆开发文化创意产品的初衷。其实，早在 2009 年，时任台北故宫博物院院长的周功鑫教授就对意大利时尚品牌 ALESSI 提出了批评意见。在周功鑫教授看来，由意大利时尚品牌 ALESSI 主导设计的台北故宫博物院文化创意产品，未能充分地彰显中华文化的意蕴和深度。另外，周功鑫教授认为，商品设计不良是“设计师的责任”，而文化创意产品质量的把关者实际上应该是博物馆。由此可知，在博物馆文化创意产品设计过程中，一定要表现出包含在文物之中的深层次的文化内涵和韵味，塑造人文艺术情境，以此来延展人们对以往生活、文化和记忆的认知，传递出文化艺术方面的专业知识。如果只是在产品设计中单纯地应用器物的纹饰、造型等，或是过于注重展现产品的外观表象，就会使产品设计更加肤浅化，不能有效地传递文化产品深刻的历史文化价值与内在意蕴，也就不能彰显博物馆的特色文化，无法实现博物馆辅助教育与宣传的功能。

总之，博物馆文化创意产品设计应该遵循深度原则，从研发设计层面对文化创意产品进行定位，以区别于博物馆文化纪念品，要把博物馆文化创意产品看作是与消费者交流的“手段”。与此同时，博物馆文化创意设计既要使文化创意产品能够面向消费者传递足够的文化信息，还要使其具备更深层次的内涵或意义，使消费者能够感受文化创意产品的内在价值和文化品位。所以，设计师对产品进行设计和思考的重点，要从“传递信息”向“体验的生成”过渡，“体验”源于博物馆的重要知识或者信息，把信息和产品进行巧妙和创造性的连接，从而吸引消费者的注意，才是对产品设计真正的挑战。文物与博物馆信息不应该仅仅是“印在”文化创意产品外在层面上，更应该使消费者对产品的使用行为有深刻的文化意义，切实提高消费者对产品的兴趣，继而由衷地热爱产品并经常利用产品，这样才能真正达到博物馆文化创意产品想要达到的教育目的。

三、审美设计原则提供消费者美感体验与艺术涵养

一些学者认为美学经济的时代到来了，即在商品中大量渗入审美因素，从而为消费者提供足够的审美愉悦感，是文化创意产品中的一个重要特征。同时，与“日常生活审美化”和“审美泛化”的潮流相对应，审美价值已成为文化创意产

品的重要价值。成功的产品需要满足“感质”的产品特征，也就是要具备魅力、美学、精致的美感特质。概而言之，未来设计，科技仅为辅助手段，美学才为终极目标。设计师在进行产品设计时，除需考虑消费者的使用体验，还需模拟他们在使用过程中的心态，使他们受到艺术熏陶与情感浸润。

如何最大限度地发挥产品设计的美感，这是值得博物馆及设计师认真思考与研究的问题。文物本来就带有较强的艺术审美特征，如绘画、雕塑等文物作品，而以文物为原型设计的文化创意产品，更应该注重保留、彰显文物的美学特征，将展品的审美价值有效地传递出去，以免因对文物元素的不合理选取或随意裁剪而损害产品的美感。一些具有独特历史文化价值的文物，其外观的审美特征未必能充分彰显，这就需要设计师在传达文化内涵的前提下，善于对文化元素进行灵活地提取、利用，与现代美学设计风格相结合，增强产品的美学特质。设计师可以通过产品的颜色、纹理、形态、线条、表面装饰和细节处理等来传递美，从而让消费者的感官得到审美愉悦。

四、亲民设计原则使产品走进大众日常生活

亲民设计原则，即博物馆文化创意产品开发过程中的亲民价值取向。具体来看，在此过程中，设计师应该研发能融入普通消费者日常生活的“接地气”的产品；与此同时，产品的定价应符合普通消费者的消费能力与需求。宣传博物馆品牌，实现展品文化价值教育传播功能，是文化创意产品开发的终极目标。文化创意产品只有实实在在地走进百姓生活，成为一种具有较高使用频率、良好使用性能、口碑好的亲民产品，才会凸显产品的文化意味与审美内涵，进而潜移默化地发挥艺术熏陶与人文浸染的作用。

长期以来，我国众多博物馆因展品陈旧、自我推销和宣传不善等原因，导致消费者稀少。近年来，博物馆在新博物馆学运动的推动下，确立了以人为本、以教育为核心使命的发展目标。为了通过文化创意产品实现教育传播，博物馆需要以亲民的设计风格，改变公众对博物馆的刻板印象，吸引更多的注意力。

五、情感设计原则给予消费者愉悦和感动

随着互联网时代的到来，以人为中心的设计理念变得更加重要，也就是所谓

的感性设计或体验设计、情感设计，这些都是创意产品的核心价值所在。文化创意产品设计是将创意融入人们日常生活之中，以达到提高生活品质的目的。相较于一般工业设计所注重的物性、理性和合理性，文化创意产品的设计必须满足人性、感性和故事性的多重需求。这是因为，人们对产品本身的认识，往往会从感性开始。除了功能之外，人们还需要一些引人入胜的故事来为生活增添色彩。因此，创意产品的故事化能使消费者产生愉悦的情绪体验，从而提升产品的吸引力。当面对同质产品时，那些携带着“故事”的产品，由于能够唤起人类的感性思维，更能够在消费者心中留下深刻的印象，从而激发消费欲望。

文化创意产品的独特之处在于其能够为使用者带来愉悦和感动，这是其不可或缺的特质。博物馆作为传播知识的平台，在为消费者传递文化方面具有得天独厚的优势。因此，博物馆推出的一系列融合文化创意元素的周边电子产品，可以改变科技产品冰冷、纯粹、理性的外观，为消费者带来更多情感共鸣。同时，这些文创衍生品也被赋予了新的意义——在一定程度上提升了文化内涵。例如，“朕知道了”纸胶带、“朕就是这样汉子”雍正御批折扇、“如朕亲临”行李牌等富有创意的产品，虽然其设计看似只是简单地借用御批文字，但其文化标识却极为鲜明，并且情感设计诙谐愉悦，能够轻松地将人带入历史情境，因此深受广大消费者的青睐。

文化创意产品的故事渊源可分为两类：一类是以原型文物为基础的故事，另一类则是将文物在传承过程中所发生的故事融入其中。在一家英国博物馆中，有一件拼图类产品，虽然表面上看起来只是普通的拼图，但实际上却是几张瓷瓶的图案，并且产品的背面刻有这样的字样：“这三件瓷瓶去年被一位未系好鞋带的游客不慎打碎，但我们已经对它们进行了全面修复。”这样的“意外事件”为消费者带来了全新的感官体验，使得产品设计更加别具一格。

在情感性设计中，对于那些具有鲜明标志性文化特征的产品，不必过多赘述其所包含的“故事”；而对于那些信息不够清晰的产品，则需要在包装设计或产品本身的设计中添加相关的“故事”，即说明性文字，以引起消费者的关注，以此进一步彰显原型展品的文化艺术价值。同时，在进行情感设计时，还要结合历史文化背景来进行合理的取舍，考虑不同族群对文物背后故事的理解差异，尽量选择能够跨越文化和时空差异的“通用”故事元素，使其既能符合时代需求又不失自身特色。

六、新奇设计原则激发眼球效应和消费欲望

相关研究显示，那些对网络消费充满热情，同时又具备一定审美能力和精神文化需求的年轻群体，是博物馆文化创意产品的主要消费群体，该消费群体的年龄集中在25岁至35岁之间。而对于博物馆专家型消费者和中产阶级群体而言，他们并不满足于普通的文化创意产品，而是更倾向于购买学术类出版物（如图录），以及具有一定收藏和投资价值的高价位商品（如文物复制品）。当前，年轻一代的消费群体更加注重个性化的表达和对时尚潮流的追求，那些外观新颖、活泼有趣、与众不同、充满现代感的产品设计更符合他们的审美趣味，那些充满新意的设计更能满足他们的心理需求。

事实上，文化创意产品的一个重要特点就是“创意”，具体是指一种“新颖”的状态。从产品设计角度而言，“创意”是指突破传统思维和形式的限制，追求产品的全新理念、设计、技术、外观和功能。在文化创意产品的设计理念中，设计师运用发散性思维和创造性思维，将看似毫不相关的文物元素与现代产品巧妙地融合在一起，从而创造出了一种独特的感受，令人耳目一新。而且，独具匠心的外观设计和精美的图案点缀也能够在消费者心中激起强烈的情感共鸣，吸引消费者的注意力。运用最新的技术和材料，赋予产品全新的功能和使用体验，能够显著体现“创意”的价值。“创意”是博物馆文化创意产品开发中最重要的一环，它直接决定着产品的市场竞争力。众多博物馆所推出的文化创意产品往往可以给人以“新奇”感，即以独特的形式表现出不同时代人们对于美的渴望和向往，通过将古老的文化元素与现代化的设计理念相融合，从而营造出时空穿越、今昔融为一体的错觉，引发人们对过去的思考和对当下的反思。

为了实现文化创意产品的“新奇”设计，博物馆需要吸纳更多年轻的新锐设计师和设计专业学生的想法和理念，并通过不定期组织文创设计大赛等活动，挖掘新的设计人才和想法，以充分展现产品的设计魅力。同时，在展览中不断地推出富有吸引力的文创产品，以吸引更多年轻消费者的目光。事实上，近年来，国内多家博物馆纷纷举办文创设计大赛，旨在挖掘一批具有创新思维和设计才华的作品和人才。例如，台北故宫博物院每年都会举办一场“国宝衍生品设计竞赛”，像是备受欢迎的“朕知道了”纸胶带等多款畅销产品，就是从该竞赛活动中脱颖而出的。

七、特色设计原则打破产品同质化困境

目前，国内博物馆文化创意产品设计普遍存在同质化现象，这也引起了同行人士的激烈讨论，甚至是斥责。如果文化创意产品的种类、设计方式和外观呈现出相似之处，缺乏展示博物馆和独特藏品文化的能力，那么就会导致文化创意产品的吸引力下降，也就无法激发消费者真正的兴趣和购买欲望。

纽科姆在论及博物馆商店时，强调博物馆应该开发展现自身文化特色的产品，从实物层面观之，独特性是吸引消费者购买文化创意产品的主要原因。何谓展现博物馆自身文化特色的产品呢？麦克莱恩从营销层面指出博物馆的营销应抓住其“与生俱来的特殊文化情感”。博物馆既无固定的“产品”，也无一定的“顾客”形态或与之沟通的固定方式，因此，须先了解自身特色，再传达给顾客，才能达到一定的营销质量。所谓“与生俱来的特殊文化情感”，指的乃是博物馆基于收藏和展览形成的文化特色，以及消费者在观展和体验过程中产生的特有感受，如漫步于博物馆中庭时的视觉意象、参观展览的经验感受等。综合纽科姆与麦克莱恩的论述与观点，可以发现博物馆开发文化创意产品的核心重点应在于“充分表达博物馆的文化特色”。要达到这一目的，设计师首先须在博物馆人员的帮助下深入研究、把握博物馆的独特文化，如博物馆藏品的文化艺术价值、博物馆通过展览想要达到的教育效果，才能研发切合博物馆独特文化的产品，达到传播博物馆文化、树立博物馆品牌、发挥教育功能的作用。

“特色设计原则”另一层面的含义在于，博物馆应结合举办大型展览的契机适时推出配套的文化创意产品，一般能取得良好的销售业绩。例如，大英博物馆每次举办特展都会研发配套文创衍生品，并提供展后继续购买的渠道。博物馆商店网站提供了根据展览搜索商品的链接，可以搜索购买到以往特展衍生的文化创意产品。如通过“被淹没的城市：埃及失落的世界”展览链接，即可浏览和购买到包括罗塞塔石碑复制品、狮身人面像小黄鸭、木乃伊铅笔盒、阿努比斯犬玩偶等在内的 100 多种古埃及文化元素的创意产品。中国国家博物馆于 2017 年举办“100 件文物中的世界史”以来，同步推出从《手绘世界文物史》等趣味读物到覆盖吃、穿、住、行各个方面的文化创意产品 160 多种，广受好评，销量火爆，开幕 18 天销售收入已经超过 300 万元，被各大媒体争相报道。

第二节　博物馆文化创意产品的设计方法

在设计方法上，博物馆文化创意产品设计不仅要遵循普通文化产品与创意产品设计法则，还具有自身的特殊性。设计师需要充分利用发散思维、联想思维、创意思维等多种思维方法，对文物元素进行不同视角的诠释，达到符号转化的目的，设计出多种博物馆文化创意产品。当前，我国对博物馆文化创意产品在设计方法与策略等方面进行分析、研究的成果还不多；最近几年，一些艺术类院校设计专业师生的文章中也仅有少量涉及。有研究者认为，博物馆文化创意产品的设计方法可分为四种，分别是：装饰性设计（产品外观上融入文化元素的平面设计，为多数产品使用的设计方法）、骨架式设计（将文物造型和产品功能相结合，以简化、形象化、夸张化文物外形的方法设计产品整体造型）、意蕴式设计（挖掘文物的深层内涵，通过隐喻的方法融入产品设计）、体验式设计（产品和消费者产生互动体验）。一些研究者也持有相似的观点，他们把博物馆文化创意产品设计方法分为表皮式、骨架式和意蕴式。也有研究者把博物馆文化创意产品设计方法归结为形态转化法与故事转化法两大类型。形态转化法主要包括提取、简化与形象化处理文物外形；对器物纹饰的整体使用或者部分截取在产品外表上使用；借用文物色彩并改变原材料；传统功能现代化与实用化。在其他研究者看来，博物馆文化创意产品设计策略可划分为表象直译、符号转化、意境诠释与时尚创意。其中，除了时尚创意之外，其余类型在本质上与博物馆文化创意产品设计方法相对应。

博物馆文化创意产品设计的关键在于，提取包含在文物文化元素之中的象征意义并转化为视觉消费符号，然后把这些消费符号进行创意产品设计。综合现有研究成果，本书认为：博物馆文化创意产品设计方法主要包括元素提取式、功能融合式、意境传达式、情景复原式和互动体验式。

一、元素提取式设计

元素提取是目前博物馆设计文化创意产品时应用最为广泛和便捷的设计方

法。通过对原型文物中辨识度高的特色纹饰、纹样、色彩及造型特征进行提取，以平面设计的形式将其雕刻、绘制于文化创意产品上，进而提高文化创意产品的文化附加值和艺术审美价值。元素提取式设计包括整体运用、局部截取和解构重组。

所谓整体运用，是指文物整体造型纹饰经过微缩化处理，使材质发生变化，进而将其运用于创意产品的外形塑造中。在博物馆文化创意产品中占有一定比例的文物复制品即属此类设计。此外，借助此类设计可创设很多在造型上能直接套用文物原型的产品。例如，以罗塞塔石碑为原型创设而成的拼图、明信片、首饰盒、书立和镇纸，这些产品的形状都是石碑形状，上面印着石碑上完整的花纹。

相对于整体运用而言，对文物纹饰图案进行局部截取并将其应用于产品装饰的做法，更具有灵活性和通用性。在现代设计领域里，很多优秀的作品都是通过不同的方法将文物元素的局部截取与产品进行有效的融合，使之成为具有独特风格和深厚文化底蕴的艺术品。例如，在设计衣物首饰和生活用品类文化创意产品时，常常采用局部截取文物元素的做法，以达到更高层次的艺术效果。这些作品大多是利用文物的纹样特征进行创新设计，使其更具艺术魅力与实用价值。为了在文物信息的保留和传达方面达到更好的效果，设计师需要深入了解文物的背景信息和文化价值，并具备较高的审美能力，能够从众多文化元素中精选出最具辨识度、最具美观性的元素，以“画龙点睛”的方式提高产品的文化附加值，而不是简单地截取局部信息。例如，凡·高博物馆以凡·高花卉名作《盛开的杏花》《向日葵》《鸢尾花》等为蓝本，运用局部截取的设计方法，创设的一系列富有创意和美感的文化创意产品；围绕馆藏展品《蒙娜丽莎》，卢浮宫致力于创设一系列文化创意产品，其中不乏截取局部图案并将其绘制于产品表面的做法。这些都是基于特定主题进行艺术再创作的成功案例，值得我们借鉴与参考。对于馆藏明星展品，如《蒙娜丽莎》和罗塞塔石碑，由于能够给人留下深刻的印象，以这些展品为纹饰来源的产品可以被省略不提；然而，对于那些并不广为人知的展品，截取局部图案可能会给人留下混淆之感，因此建议附上详细的设计说明，以便消费者深入了解产品所蕴含的文物信息。

在设计中，对文物元素进行解构和重组则需要更高水平的装饰技巧。博物馆展示往往以“物”为中心，虽然展品可能呈现出多处标志性的外观特征，但由于产品的造型和大小受限，单纯地截取部分图案也就无法全面展现展品独特的文化艺术价值。如果将博物馆展品进行重新分解或重新组合后再呈现给消费者，则会使人产生审美疲劳，并影响到展览效果。在此情形下，深入探究文物的内在含义，提取其中多处独特的纹样，并结合产品的功能和外观设计进行巧妙的组合，最后将其应用于产品设计中，可使产品更加生动形象地传达出特定历史时期的人文思想与审美情趣，提升产品附加值。以上海博物馆文化创意产品为例，上海博物馆将馆藏书法名作用于文化创意产品设计中，通过对同一作者或同一时代的多件书法作品进行元素解构，提取标志性书体，并在产品表面进行合理重组和绘制，展现了中国书法独特的凝重浑厚或洒脱俊逸的风情。

尽管元素提取式设计方法具有简单易操作的特点，但在实际的设计过程中，仍需要特别关注文物原型与产品之间的契合度问题。通常情况下，这种设计方法更适用于那些装饰性较强的衣物首饰、生活用具等产品，主要采用平面化的设计方法。首先，在考虑文物的选择和元素的提取时，博物馆及设计师应该以馆藏明星展品为中心，这样可以使消费者更容易感受到博物馆的独特魅力。其次，应当挑选那些具有艺术美感和视觉辨识度的展品，如主题和色彩鲜明、纹饰独特或能够给人带来强烈视觉冲击的绘画和工艺美术作品等；再有就是，在选择展品原型时，必须确保其与设计产品的功能特点完美契合，同时产品的材质、颜色和风格应当与文物原型高度相似或一致，以达到最佳效果。例如，罗塞塔石碑的神秘气息和厚重风格，使其成为开发杯子、镇纸等坚硬产品的理想选择，同时也是黑色巧克力、拼图等衍生品的理想之选。最后，在产品设计过程中尽量使用具有一定历史文化价值的文物，如青铜器、玉器、陶瓷、钱币、印章等，以及具有代表性的人物故事、民间传说、诗词书画、神话传说等内容。

二、功能融合式设计

所谓功能融合式设计，是指按照产品功能需求，对文物的文化元素或造型形态进行简化、变形和夸张化处理，使其贴近产品的使用功能。产品符合人体工程学理论及消费者生理与心理需要，能使消费者对原型文物产生天然联想的感觉，而不会产生强行拼贴、生搬硬凑的感觉。功能融合式设计实际上也可看作是部分元素提取式设计，它属于元素的解构与重组；所不同的是，一般的元素解构与重组侧重于平面化设计，而功能融合式设计侧重于对立体形塑与整体框架解构重组，这种元素符号转换以产品功能要求为依据，与一些研究者所提出的“骨架式设计”方法相似。

以林荣泰教授提出的“文化创意产品设计三层次框架”为理论基础，以符合消费者行为层面需求为目的进行功能融合式设计，设计出的功能合理、操作方便且安全性高的产品，可使消费者更容易联想到原型文物并品味其特有的内涵。这一设计方法对于设计师的创意思维要求很高，产品通常呈现新颖特征。例如，“乾隆皇帝艺术品味”茶器，其造型轮廓来源于清乾隆年间的文物“黄釉粉彩八卦如意转心套瓶”，轮廓曲线简化，滤水孔采用如意云纹及八卦纹雕镂而成，器型古朴典雅，融古今风味于一体，而且使用方便；再如，“翠玉白菜雨伞”作为“翠玉白菜”系列的文创产品，其使用的就是功能融合式设计方法。伞面收拢时仿佛一棵形态逼真的翠玉白菜，张开时又似一片翠绿的莲叶；雨滴似凝结其上的露珠，美丽自然又饶有意趣；另外，昔日的“网红”文创产品——堕马髻颈枕，同样使用的是功能融合式设计方法，设计师巧妙地将《唐人宫乐图》中宫女穿戴的“堕马髻”发饰与当代人生活需求对接，从而设计出符合人体工程学、供小憩用的颈枕，是非常有趣的时尚创意。

三、意境传达式设计

“意境”作为东方传统美学与艺术中一个重要的审美范畴，常被用来描述书法、绘画及其他艺术作品传递的、能够引起欣赏者感动与共鸣，但又难以言喻的独特意蕴。“意境”打开了审美想象的空间，虚实交融、形神兼备，会吸引观赏者驻足观看，在审美想象的空间中低吟浅唱、流连忘返。西方的艺术作品风格虽偏于直白显露，但也内含深邃悠远的意蕴，并且现代艺术也多以简洁的造型和线条传达言外之意。因此，在本书看来，“意境传达式”的设计方法可通用于中西方博物馆文创产品设计中，其要求设计师深入把握、感受、解读文物和艺术作品的审美意蕴、文化内涵，并通过创意设计将之有机融入产品，使产品有效传达同样的文化意蕴，使消费者感受到类似的艺术美感。

“意境传达式”设计一般采用明喻、暗喻、隐喻来表现原作与产品之间的关联，因而会体现较为含蓄的意蕴。对于设计师而言，采用“意境传达式”的设计方法进行产品设计是一个高难度的挑战，若仅仅“走马观花”式地理解原作，则会设计出消费者“看不懂”或“不知所云”的产品。因此，设计师要有很高的文化素质与艺术品位，要经常去博物馆“听课”，依托博物馆策展人、释展人和项目策划人提供的指导，深入研究、掌握文物的背景知识与文化内涵，通过扎实的设计功底与较强的设计技巧，设计出能成功地传达原作神韵的优质文创产品，如台北故宫博物院撷取清乾隆年间宫廷画师郎世宁创作的《仙萼长春图册》的春天和花卉意象，设计出的“三清茶具”套装，以粉色、青色、翠绿和天蓝为淡雅底色，附以造型生动可爱的花鸟虫鱼点缀其间，一派生机盎然，传达出了清新自然、生机勃勃的初春意境。

四、情景复原式设计

“情景复原式”设计，即将古代文化元素与现代生活体验相融合，使今人走进古人的生活场景，品味古风雅韵，进而更加深刻地认识与了解文物特定的时代背景与深层次的内涵。“情景复原式”的设计方法是博物馆开展文化创意产品设计的关键所在，设计师应挑选能将古今生活有效连接的文物，经过复制、微缩、放大或功能变化，使平面文物立体化，在现代社会继续延续古代文物的使用功能，使其有机地融入当代时尚生活中，焕发生机与活力。

情景复原式设计主要分为两类：一类是以仿制方式在不改变器物原有功能基础上进行创意产品设计，其制品具有与原型文物相同的外观及使用功能。这样，消费者在使用产品的过程中，就会“潜移默化”地走进古人的生活场景。例如，以古代首饰为蓝本按相同比例复刻原型设计而成的珠宝饰品，或只在材料和颜色方面稍与现代设计相融合而保留文物整体面貌的珠宝饰品，正是使用的仿制方式。此外，在博物馆文化创意产品当中占有较大比重的生活用品类产品，也不乏利用这一方式进行设计的。特别是各类装饰精美、质地优良的瓷器，同样适用于开发成为现代食器和茶器，以延续或拓展其原有的使用功能。另一类是保持文物场景原貌，并改变其使用功能，以更好地融入并适应现代生活。例如，以《清明上河图》为蓝本设计的纸本游戏，就将画中所呈现的角色与场景作为游戏的基本元素，并融合了任务设置、完成奖励与失败惩罚这些现代游戏设计元素，用生动而有趣的方式，使玩家能够“身临其境”，感受北宋时期的民俗风情。

五、互动体验式设计

互动体验式设计多用于无形文化创意产品中，也就是各类型博物馆设计的应用类、游戏类等 App。互动体验式学习在博物馆学习中具有一以贯之的优点，与单向灌输式书本教育相比较，博物馆通过实物形式给观众提供各种参与交互的机会。有研究指出，互动体验式学习特别适用于以感性思维为主、好奇心强的青少年群体。所以，博物馆在设计文化创意产品时应该充分发挥这一优势，即所设计的实体文化创意产品必须经由消费者亲身使用与切身体验，从而起到教育与传播的作用，达到愉悦身心的效果。如今，随着大数据、云计算和虚拟现实等互联网技术的崛起，博物馆获得了设计无形文化创意产品的最佳时机，而设计无形文化创意产品，就必须使用互动体验式设计的方法。

目前，博物馆研发的无形文化创意产品主要有两类：一是各类导览性质的服务型 App，如大英博物馆、大都会艺术博物馆、卢浮宫等都拥有多个导览 App，实时提供精选展品和参观路线推荐；二是旨在传播博物馆和展品文化，以生动趣味的形式展现的游戏类、互动类 App。本书所讨论的主要指后一类含有互动游戏元素的 App，如故宫博物院开发的“韩熙载夜宴图”“皇帝的一天”“胤禛美人图”等 App，均收获了广泛好评和高下载量。这类 App 的设计初衷是通过让使用者在充满乐趣的互动体验中了解和体会传统文化知识。

以“皇帝的一天”为例，作为一款儿童游戏类 App，有效结合了儿童的认知心理、兴趣点和知识点，通过引导儿童“游览”养心殿、御花园等故宫建筑，有序触发、推进各类情节，并设计一系列以宫廷文化为核心的小游戏，让孩子们了解古代皇帝的生活起居、工作娱乐和故宫传统文化。

第三节　博物馆文化创意产品的设计流程

博物馆文化创意产品的设计流程与一般文化创意产品的设计流程相似，包括市场调查、设计开展与实施、市场评估等环节。但是，由于不同博物馆的开发模式有区别，因而在展品元素精准诠释、视觉符号转化、文物信息传达等环节也就存在相应难度。可见，博物馆文化创意产品的设计流程也有其特殊性，即设计主体与参与者的多元化。

从设计主体来看，依据开发模式，博物馆文化创意产品开发与设计的主要承担者既可以是馆内设计人员，也可以是设计公司的一员，还可以是独立设计师。这三类设计人员对博物馆品牌、展品文化价值的认知存在差别，并且在创意设计能力、经验等方面存在差异，这会直接影响产品质量及创意层次。通常情况下，博物馆内雇用的设计人员都长期沉浸在博物馆文化氛围当中，他们多数具有考古学或文物学等相关教育背景，对于博物馆与展品所蕴含的历史文化与艺术价值有着较为深刻的理解与诠释，这有利于体现博物馆文化创意产品传播意图与教育目的。然而，由于这部分设计人员可能缺少设计经验，并且缺乏系统化的设计专业知识，也就无法设计内涵和外观都臻于完美的优质产品。相较于博物馆内部设计人员，专业设计公司成员及独立设计师都有一定的工作经验，以及良好的设计专业教育背景，他们能够良好地把控产品的外观美学、功能应用及细节处理，并能够开拓思路，设计更加符合人体工程学、设计心理学、美感特质强的精致产品。然而，由于对博物馆展品文化理解不深，对文物的内涵解读与元素提取容易流于形式，从而会使设计方向与博物馆开发文化创意产品的目标相背离。

博物馆文化创意产品的开发与设计的特殊性也体现在参与者多元化方面。由于这三类设计人员各有长处也各有不足，这就需要博物馆内部的市场部门、教育部门以及研究部门展开通力合作。在产品开发设计前期，博物馆市场部门要协同研发设计人员对博物馆观众、目标消费者开展市场调查及数据分析，获取最新数据，以利于明确设计目标，准确定位市场消费群。在产品具体开发设计过程中，博物馆教育部门要清楚地告诉设计人员，产品要实现的传播效果与教育目的；博物馆研究部门要提供博物馆内重要展品的研究成果，协助设计人员认识文物所蕴含的重大历史文化价值，并学会分辨标志性纹饰、纹样及造型特点；博物馆市场部门要提供博物馆文创产品的销售资料，协助设计师了解各类文创产品的受欢迎程度。在产品后期评估阶段，博物馆教育部门要采用定性与定量分析相结合的方法，评估产品能否更好地实现教育目的；博物馆市场部门要主动提供有关试销情况的反馈数据，以便于作出是否继续进行生产销售等决策。除考虑博物馆有关部门的工作人员参与到整个设计过程外，还应该考虑消费者对产品设计的意见、使用感受以及心理预期等。简而言之，博物馆、消费者以及设计人员共同参与文化创意产品设计过程，是促进产品设计得以顺利进行并获得良好市场反响与社会经济效益的保障。

从具体的设计步骤来看，博物馆文化创意产品的设计流程可以分为“需求分析”“设计实施”和“产品评估”三个阶段。“需求分析”是研发设计的前期工作，需要分别开展消费者需求分析和博物馆需求分析；“设计实施”是主要的设计步骤，设计人员确定设计目标后，将设计构想付诸实践，形成设计图稿或者模型，通过博物馆评估后，反复修改形成定稿并投入生产制造；“产品评估”是研发设计的后期阶段，博物馆试生产少量样品投入市场销售一段时期，市场部门负责监督销售情况并组织消费者购买调查，反馈销售调查情况后，做出是否推广生产，或是修改设计，抑或终止生产的决定。

一、需求分析是博物馆文化创意产品的开发基础

需求分析在整个研发设计流程中处于基础性地位，是设计师灵感涌现、创意生成、构思成形的关键，更是设计师、博物馆以及消费者之间相互交流、消除认知差异，进而为后续设计的开展和执行奠定坚实基础的过程。需求分析有两层含义，即消费者的需求和博物馆的需求，它们相互联系、相辅相成。

博物馆文化创意产品消费人群主要由博物馆参观人群与潜在消费人群组成。潜在消费人群是指可能会通过电商渠道或馆外分店进行文创产品采购的人群。不同类型、规模、区域的博物馆，所能吸引的消费群体及潜在消费群体有所差异，即在年龄构成、知识背景、经济能力、消费理念、审美偏好等方面表现出差异化与多样化的特征。博物馆开发的文化创意产品若要获得更好的成效，就必须清晰定位目标消费群体，有的放矢地进行产品开发设计。问卷调查是开展市场分析的必要手段，旨在了解博物馆日均人流量及相关信息。除此之外，博物馆市场营销部门可运用大数据技术对观展人群进行分析，并对过去博物馆各种文创产品的销售状况进行深入剖析，以此准确掌握目标市场、消费偏好及设计需求等，体现博物馆文化创意产品开发设计的分众原则。举例而言，对于艺术类博物馆中综合素质高、经济实力强、女性占比较高的观展人群，则应以开发具有外观审美、表现优雅生活趣味、价格较贵的衣物首饰、生活器具类产品以及名家画作等复制品为主，产品设计注重全面掌握精品原则、审美原则、情感原则、特色原则；对于自

然科技类博物馆中少年儿童及亲子参观者占比较高的观展人群，则应以开发知识性与趣味性并重的互动体验式展品模型、文具用品、玩具及教学用具等，在设计上注重落实亲民原则、新奇原则及教育原则。

博物馆的需求分析主要应从博物馆开发文化创意产品所期望达成的目标入手，即究竟是以产生经济效益为主，还是以延伸教育功能为主，又或是以搭建品牌标识为主，等等。结合实际情况来看，博物馆在开发文化创意产品过程中通常会同时考虑这三种目标，但又会有所偏重。如果以产生经济效益为主，那么就应开发设计新颖好玩、价格适中及销量好的生活类产品；如果以延伸教育功能为主，那么就应开发设计具有文化意蕴及内涵深度的产品；如果以搭建品牌标识为主，那么就应开发设计印有博物馆 logo，或是知名度高的明星产品，并且要有效辨识和诠释博物馆的品牌及其特色。

一般而言，博物馆内部工作人员认为的博物馆“明星展品”与大众消费群体认为的博物馆“明星展品”，是存在认知偏差的。这就表明，历史文化价值较高的“镇馆之宝”与备受关注的“网红展品”，均可成为开发设计的一个重要原型。此外，有些不是很“出名”但有很大开发潜力的展品，如图案、造型、纹饰等辨识度高、色彩鲜艳、外形新颖、装饰独特的展品，也可作为博物馆重点开发设计的目标原型。当然，除分析博物馆已有的文物资源外，还必须分析博物馆潜在的渠道资源。也就是说，博物馆文物商店的规模、位置、运营年份、经营策略等因素，通常会对文创产品销售情况产生显著影响；同时，电商平台建设情况还决定着文创产品所面向的潜在消费群体及其附属经济能力。

在需求分析的过程中，设计师、博物馆工作人员以及消费者三方共同参与，形成了一个完整的参与阶段。设计师根据自身专业特长进行调研，了解观众对展览内容的期望以及参观动机等因素。同时，设计师与博物馆工作人员、消费者进行深入的交流，通过观察、分析、思考和总结，不断寻找创意灵感，最终形成初步的设计构思框架。博物馆市场和教育部门将提供销售数据，并组织消费者参与问卷调查，以向设计师展示展品所蕴含的文化价值。消费者积极参与问卷调查，主动提供个人信息、消费偏好以及对博物馆文创产品的心理预期，以满足他们的需求和期望。由此确立的良性互动机制，让设计师、博物馆和消费者三方共同参与，以确保未来的设计实施阶段得到充分保障。

二、确定设计目标并开展博物馆评估

在开发设计的全流程中，展开和实施设计是至关重要的一步，它需要设计师在前期进行需求分析工作后，将头脑中捕捉到的创意灵感和设计构想具象化，以确保整个流程的顺利进行。在设计图稿模型的形成和交付过程中，经历了多个阶段的复杂操作（包括反复论证、实验、修正、完善等），这个阶段也被称为概念设计或构思设计阶段。按照通常的流程，这一阶段可被划分为四步，即确立设计目标、生成设计初稿、进行博物馆评估以及修改设计并最终定稿。

在与博物馆工作人员进行充分沟通并掌握需求分析资料的基础上，设计师应当确立设计的基本目标（设计方案），主要包括四点内容。第一，明确需要开发设计的原型文物。这些文物通常是具有较高文化价值和知名度的“镇馆之宝”，或是备受关注的“明星展品”，能够体现博物馆和地域特色的展品，还有大型特展的主题展品，以及那些具有较强开发潜力的展品。在确定原型文物时，除了需要考虑其与博物馆和展览主题的契合程度，还必须综合考虑开发难度，以及设计团队的开发能力。第二，明确需要开发设计的产品种类与数量。对于博物馆来说，在对藏品进行研究分析的基础上，可以根据不同类型藏品的功能需求和陈列展示效果，来制定适合自身发展的产品开发方案；另外，还可以根据所拥有的渠道资源和市场反馈情况，以及原型文物的特点，选择市场认同度高、销售火爆、易于开发的文创产品。一般情况下，应在现有基础上增加新品类或者进行重新定位，或是根据市场实际销售情况和反馈数据，决定是否需要扩大生产规模。第三，明确设计原则和设计方法。在选定产品设计原则和设计方法时，要充分考虑博物馆的自身情况及未来发展目标，同时还要充分考虑原型文物的特征、待开发产品的类型以及设计团队的能力，从整体上把握设计方案。第四，设计师和博物馆市场部门联合制定产品开发的目标市场、消费人群、主要营销渠道和定价策略，以确保产品在市场上具有竞争力。例如，充分利用线上电商渠道，开发面向年轻消费人群的时尚创意、流行风格类生活用品和服饰，以亲民、适中的价格赢得消费者的青睐。

一旦确定了设计目标，设计师就需要将头脑中的创意和构想具象化，以绘制详尽的设计图纸，或是运用计算机辅助设计技术设计模型。相较于一般的文化创意产品设计，博物馆文化创意产品的设计需要设计师投入更多的时间和精力，深入思考如何将文物元素巧妙地转化为视觉符号，以实现无缝衔接的效果。从这个角度来看，博物馆文化创意产品的创新设计过程实质上就是一个不断发现问题、分析问题和解决问题的动态发展过程。博物馆文化创意产品的设计成功与否，取决于设计师是否能够将文物独特的造型、纹饰和内涵巧妙地融入产品设计中，并准确地传达给消费者关于文物的信息，这也是对设计师设计能力与综合素质的考验。总之，设计师既要运用多种设计思维方式，如联想思维、发散思维、创造思维等，全神贯注地开展设计工作，又要深入研究原型文物的产生背景，反复挖掘文物所蕴含的历史文化价值，以确保能准确提取文物最有价值的元素和最具特色的特征，并将其融入产品设计中。此外，设计师应当坚持人性化的设计原则，注重消费者的使用体验，致力于提升产品的易用性、可操作性和审美性。

在完成设计初稿之后，对其进行博物馆评估是一项必不可少的步骤，它能够为整个设计过程提供重要的参考依据和指导。评估工作要以“以人为本”为核心理念，遵循科学发展观和可持续发展理论。为了对设计师提交的设计初稿进行全面的评估与审核，博物馆应当成立一个评估小组，该小组由市场部门、教育部门和研究部门组成。在审查产品设计是否符合博物馆的教育宗旨和开发产品的目标时，教育部门人员主要从设计原则、设计风格、信息传达等方面进行审查，以确定其是否有助于传播博物馆品牌和拓展博物馆的教育功能。研究部门人员主要根据调研分析结果，结合博物馆自身特点，以产品元素、内涵解读、符号转化、视觉含义为依据，判断产品是否有助于消费者更深入地理解原型展品；确定产品是否能够准确、有效地传达文物信息，不会产生任何歧义；产品设计是否符合深度和精品原则，从而体现博物馆和藏品的特色。市场部门人员主要根据大数据信息，如消费人群的特征和既往产品的营销状况等，以初步判断产品设计的目标消费群体定位的准确性和定价的合理性。根据评估结果，博物馆提出设计修改建议，以期达到更好的效果。最终，根据博物馆的修改建议，设计师对产品设计稿进行修改，随后再次提交至博物馆相关部门进行审核，直至设计图稿通过博物馆评估，由此确定首批文创产品试生产数量，并将其交付给制造商进行生产。

三、市场评估是检验博物馆文化创意产品开发效果的重要手段

博物馆文化创意产品开发设计流程的后期阶段，即产品市场评估，是对产品

设计合理性、生产推广和设计方案调整的全面评估。在完成产品设计并最终定稿后，博物馆或设计相关方将确定首批生产数量，并与厂家进行联系，以便投入生产并进行产品试销。在确定首批生产数量和销售周期时，应对消费者数据进行细致的调查和分析，以避免过度生产所带来的负面影响。在试销之前需要对博物馆文化创意产品进行市场调研，了解目标人群需求，制定适合该类型产品的营销策略和方案。博物馆文化创意产品与快速销售产品不同，应将前者的试销周期控制在半年到一年之间，以确保有充足的时间接受市场的检验。

在产品试销的过程中，必须交由博物馆市场部门进行反馈和评估，以确保产品的质量和可靠性。首先，市场部门要及时组织开展产品市场调查，采用问卷调查等方式主动了解消费者对产品的视觉效果、使用功能、操作便利和价格等方面的满意度，并征求他们能否留下经济收入、教育背景等信息，以便更好地分析目标消费群。根据调研结果向消费者发放宣传资料，介绍博物馆产品特点以及陈列内容。在消费者购买产品时，可以通过提供一定的价格优惠或赠品的方式来征求消费者的意见；或是在商品销售一段时间后，通过电话或电子邮件等方式进行跟踪调查，以获取消费者产品使用反馈情况。其次，调查结束后，根据实际情况，将调研结果以书面形式提交给营销部门，以便将产品进一步修改完善。

最后，基于市场反馈和评估结果，博物馆市场部门作出是否推广生产产品的决策。若市场反响热烈、产品声誉卓著、销售火爆、消费者认可，则应扩大生产销售规模，将其打造成博物馆文创品牌的代表产品。否则，博物馆应在不违背自身发展方向的前提下，结合自身资源对产品进行再设计，以保证产品能够被大众认可。若市场评估具有双重性质，并且消费者反馈又存在较为集中的意见和建议，博物馆可与设计师联系，根据市场反馈对设计方案进行调整，然后再将文创产品投放市场销售，并接受再次评估。如果市场评价不好，销量下降或无增长，则重新进行设计改进，以提高产品的市场认可度，增加产品知名度与美誉度。如果市场反馈的产品存在明显的缺陷，导致销量呈现整体下滑的趋势，那么应该考虑终止生产该产品。

第五章　文创产品品牌设计开发

本章的主要内容为文创产品品牌设计开发，具体包括企业形象识别系统的基本构成、相关品牌案例特征分析。

第一节　企业形象识别系统的基本构成

企业形象识别系统（Corporate Identity System，即 CIS）的主要任务是将企业品牌文化与经营理念统一设计，利用整体表达体系（尤其是视觉表达系统），传达给企业员工与外部公众，使其对企业品牌产生一致的认同感，以形成良好的品牌印象，达到促进产品销售的目的。

到 20 世纪，欧美主要发达国家的工商业进入充分竞争阶段，卖方市场向买方市场过渡，商品的生产与销售已经在全球市场进行资源配备。相同品类的产品生产企业大量涌现，企业迫切需要建立自身独特的品牌特征，以便与竞争对手相区别。自此，企业开始有意识、有计划地塑造自身品牌形象。如 1914 年，彼得·贝伦斯为德国通用电气公司设计的标志及办公用品；1919 年，经爱德华·约翰斯顿最终调整后的英国伦敦地铁标志及其视觉识别系统。

企业形象识别的系统化发生在第二次世界大战之后，欧洲经济快速复苏，企业家逐步认识到"好的设计就是有销路的设计"。新的市场观念使企业逐步意识到产品不仅只是"物"，也包括承载在"商品"之上的无形价值，其中最为重要的便是社会认同。一个商品，社会认同度越高，它的销路往往就会越好，这就需要企业在公众视线中树立独特、良好的整体形象。当企业开始构建"拟人化""符号化""典型化"的形象特征，并将这一特征在生产、包装、推广、销售、售后一系列环节中予以贯彻体现，就与其他企业区别开来。

企业形象识别系统可以分为企业理念识别系统、企业行为识别系统和企业视觉识别系统三个组成部分，如表 5-1-1 所示。

表 5-1-1　企业形象识别系统构成

子系统	拟人化表述	系统要素
企业理念识别系统	价值观——如何想?	企业精神、企业价值观、企业文化、企业信条、经营理念、经营方针等
企业行为识别系统	实践论——如何做?	对内：组织制度、管理规范、行为规范、干部教育等 对外：市场调查、对外服务、公关关系等
企业视觉识别系统	形象气质——什么样?	基础要素：标志、标准字、标准色、辅助图形、吉祥物等
		应用要素：办公用品、企业外部建筑环境、员工服装配饰、企业产品包装展示等

一、企业理念识别系统

企业理念识别系统是企业所决定坚守的价值信条与精神理念，其内容包括企业精神、企业价值观、企业文化、企业信条、经营理念、经营方针、市场定位、产业构成、组织体制、管理原则、社会责任和发展规划等。企业理念识别系统对内统一企业员工的思想，形成企业员工所共有的价值共识，进而影响企业的决策、活动、制度、管理；对外则向公众传递统一有力的企业价值理念，影响企业的对外宣传与形象塑造。

二、企业行为识别系统

企业行为识别系统是企业在实践经营理念和创造企业文化的过程中，通过对企业运作方式进行统一规划和动态识别，从而形成的一套高效的企业行为识别机制。它强调企业在生产经营过程中不断地追求卓越的精神品质和价值目标，从而实现自身的可持续发展。通过一系列实践活动，企业品牌主体将企业理念的精神实质深入挖掘并传递到企业内部的每一个角落，从而汇聚起员工巨大的精神力量。企业行为识别系统对内主要包括企业的组织制度、管理规范、行为规范、干部教育、职工教育、工作环境、生产设备、福利等制度系统的制定与运行；对外主要包括企业的市场调查、对外服务、公共关系、营销活动、流通对策、产品研发、公益性和文化性活动等。

三、企业视觉识别系统

人们所感知的外部信息，有 83% 是通过视觉通道传达的。也就是说，视觉是人们接受外部信息的最重要和最主要的通道。企业视觉识别系统是将企业理念识别与行为识别系统等非可视内容，转化为视觉识别符号，在视觉层面上进行广泛、快速的传播。视觉识别系统是传播企业经营理念、建立企业知名度、塑造企业形象最直接的方式，其设计范围主要包括基础要素与应用要素两个部分。

基础要素包括标志、标准字、标准色、辅助图形、吉祥物，以及上述要素的标准组合形式。

应用要素主要包括办公用品（如信封、信纸、便笺、名片、徽章、工作证、文件夹、介绍信、账票、备忘录、资料袋、公文表格等），企业外部建筑环境（如建筑造型、公司旗帜、企业门面、企业招牌、公共标识牌、路标指示牌、广告塔、霓虹灯广告、庭院美化等），员工服装配饰（如工作服、制服、工作帽、领带、领结、手帕、领带夹等），企业产品包装展示（如产品包装、产品展示、产品运输交通工具外饰等）。

在整个企业形象识别系统中，理念识别系统是品牌整体塑造的灵魂与核心，关系到品牌的文化定位、经营理念、服务人群与独特价值；行为识别系统以理念识别系统为基础，对品牌运行过程中企业所制定的服务标准进行统一，用于规范企业员工的行为方式；视觉识别系统则是理念识别系统与行为识别系统的外化视觉表现形式。如果将企业品牌比喻为独立的人格，理念识别系统则是其世界观、人生观与价值观的自我确认，是“修于内而形于外”的根本性因素；行为识别系统是其为人处世、待人接物、与外界联系沟通的具体行动标准与行为方式，是企业理念内化所牵引的实践过程；视觉识别系统则是其“穿衣戴帽，形象气质”的具体外在形式，是精神品质和行为方式的外化投射，三者相辅相成。

第二节　相关品牌案例特征分析

20 世纪初，欧美企业开始有意识地导入企业形象识别系统，如德国通用电气公司、英国伦敦地铁公司、美国可口可乐公司等。第二次世界大战结束后，欧美等发达国家进入经济高速发展与国家快速重建的轨道。新公司如雨后春笋般大量涌现。新技术广泛应用，使社会生产力显著提高。

自 20 世纪 70 年代以后，很多经济发达地区的日用消费品市场由卖方市场向买方市场过渡。在此期间，众多企业集中导入企业形象识别系统，进入品牌化发展与差异化竞争阶段。

20 世纪末至 21 世纪初，互联网在世界范围内广泛应用，海运、航空与陆路交通变得更加快捷高效，跨国企业在全球整合资源、高速发展。鉴于此种情况，各个新兴发展中国家以及不同的城市，为创造更好的营商环境，吸引更多企业落户，促进各自国家和城市的经济发展与快速进步，纷纷有意识地树立国家形象、城市形象。更多城市通过积极主办大型赛事、国家会议、论坛、展会的形式，拉动基础设施建设、扩大城市知名度。在此背景下，企业形象识别系统开始被应用于各种非营利机构与部门。更多国际组织、政府机构、教育部门、专业赛事、国际（国内）大型展会等，均开始导入“企业形象识别系统”，有计划地塑造自身形象。时至今日，最初以商业竞争为目的的“企业形象识别系统”开始向非营利性的“组织品牌识别系统”过渡，整个过程形成了浓厚的文化内涵。

一、国际商业机器公司（IBM）品牌特征

1914 年，托马斯·沃森在创办 IBM 伊始，便为公司制订了“行为准则”，包括“必须尊重个人；必须尽可能给予顾客最好的服务；必须追求优异的工作表现”。这三条准则深深地烙印在 IBM 每一位员工的心中，它们直接影响着 IBM 内部的每一个行动和决策。因此，“沃森哲学”成为最早的企业理念识别系统，其对 IBM 的贡献甚至超过了技术革新、市场销售技巧或庞大财力的贡献。

1956 年，IBM 导入 CIS 体系，该 CIS 被人们认为是真正意义上的企业形象

识别系统设计。1956 年，小托马斯·沃森接任董事长后，受到意大利平面设计师奥瓦尼·平托里为奥利维蒂——意大利办公设备公司设计的视觉识别系统的启发，决定重新构建一套企业视觉识别系统（图 5–2–1）。

图 5-2-1　IBM 标志演化过程

IBM 的首席顾问爱洛特·诺伊斯在与小托马斯的一次交谈中曾说：“虽然贵公司具有较强的开拓精神和现代意识的创造精神，但如果不被大众了解，就等于什么都没有！贵公司在今后参与市场竞争、开发世界市场的工作中，应有意识地在消费者心中留下一个具有视觉冲击力的形象标记。也就是说，需要设计一个足以体现贵公司开拓精神、创造精神和富有鲜明个性的公司标志。贵公司的全称是‘International Business Machines’，这样长的名称不但难以记忆，而且不易读写。显然，这是贵公司在形象宣传上的一大障碍，非解决不可。”[①] 之后，美国著名设计师保罗·兰德主持设计了 IBM 的视觉识别系统。将 International Business Machines 三个首字母组合成“IBM”，并以此设计新标志。1978 年，新设计的线形形象成为 IBM 的统一标志，在世界范围内进行传播。IBM 力图通过视觉识别系统的统一化，向公众展示企业的独特价值，以此赢得巨大成功（图 5–2–2）。

图 5-2-2　IBM 标志设计

① 黄厚石. 新编设计批评 [M]. 南京：东南大学出版社，2022.

二、可口可乐（Coca–Cola）品牌特征

1886 年，美国佐治亚州的约翰·彭伯顿发明了一种可以止咳镇定的深色糖浆，被称为“彭伯顿法国酒可乐”(Pemberton’s French Wine Coka)。同年 5 月 8 日，彭伯顿的助手偶然在这种饮料中混入苏打水（二氧化碳 + 水），加冰块饮用味道更好，由此可口可乐的配方基本确定。彭伯顿的合伙人罗宾逊从古柯（Coca）叶子和可拉（Kola）果实两种糖浆主要成分中获得为新饮料命名的灵感，将“Kola”的 K 改为 C，并在两个词中间加一横，最终形成了今天“Coca–Cola”的名字。罗宾逊凭借自身对字体设计的独特理解，将两个“C”字母放大，并尝试采用当时流行的斯宾塞字体书写了“Coca–Cola”，给人以悠然跳动、连贯流畅之感，于是可口可乐最初的标志就此诞生。1915 年，鲁特玻璃公司为可口可乐设计了经典的弧形瓶。此后，美国“工业设计之父”雷蒙德·罗维为可口可乐改进了标志，并设计了产品包装、饮料零售机以及可口可乐销售车。可口可乐基本具备了今天的品牌样貌。

1927 年，Coca–Cola 进入中国市场，先是被翻译为“蝌蝌啃蜡”，随后被蒋彝教授翻译的“可口可乐”所代替，正式有了今天的中文名称。2003 年，香港设计师陈幼坚对 1979 年重返中国市场一直沿用的“可口可乐”中文标志进行再设计，将中文字体转化为波浪状、流畅的飘带图案，与原英文标志风格相得益彰（图 5–2–3）。

Coca-Cola® 可口可乐

图 5-2-3　可口可乐中英文标志

三、2008 年北京奥运会识别系统

2008 年北京奥运会是我国第一次举办奥运会，也是亚洲时隔 20 年第三次举办夏季奥运会。此次奥运会成为我国集中向世界各国人民展示国家形象的重要契机。而这个国家形象，不但具备国际化的诉说语境，更应具备鲜明的中国特征。

因此，北京奥运会的整体形象设计成为打造国家形象的重要名片。

2003 年 8 月 3 日，在北京天坛祈年殿隆重发布了由张武、郭春宁、毛诚等设计的“北京奥运会会徽”设计作品。此设计以“中国印·舞动的北京”为主题，其标志由人形“京”字中国印、汉语拼音“Beijing”和“2008”字样以及奥运五环三个部分构成，综合表现了 2008 年北京奥运会的形象特征。标志字采用了汉代竹简文字的风格，将其中的笔画和韵味有机地融入“Beijing 2008”字体之中。自然、简洁、流畅，与会徽图形和奥运五环浑然一体。会徽标志色被命名为“中国红”与“水墨黑”，充满了浓厚的中国文化底蕴。除奥运会会徽外，申奥标志、残奥会标志、志愿者标志、文化节标志、环境标志、火炬传递标志在字体、色彩的使用上采用了系列风格（图 5–2–4）。

图 5-2-4　2008 年北京奥运会标识系统

韩美林教授精心设计的“福娃”系列吉祥物（图 5–2–5），为北京奥运会增添了一抹亮丽的色彩。“福娃”造型可爱，寓意吉祥幸福，表达了奥林匹克精神——团结、友谊、进步。五个拟人化的娃娃，名为“福娃”，它们的原型和头饰象征着与海洋、森林、火、大地和天空的紧密联系，运用中国传统艺术的表现方式，传达中国文化博大精深的内涵。“福娃”寓意深刻，表达了人们对和平与友谊的渴望以及对美好未来的追求。在北京奥运会的吉祥物中，每个娃娃都寓意着一份美好的祝愿：鲤鱼贝贝象征着繁荣；熊猫晶晶象征着欢乐；圣火欢欢象征着激情；藏羚羊迎迎象征着健康；京燕妮妮象征着幸运。“福娃”将中国人民的盛情邀约传递至世界的各个角落，共同庆祝中国北京2008年的奥运盛典。以五个福娃（“贝贝”“晶晶”“欢欢”“迎迎”“妮妮”）的名字为基础，按照一定的顺序将它们中的一个字组合成了谐音——“北京欢迎你”。

图 5-2-5　北京奥运会吉祥物设计

2008年北京奥运会火炬命名为“祥云火炬”。祥云火炬设计中的“云”，被赋予了祥瑞的文化含义，其文化概念具有上千年的时间跨度。火炬的造型设计汲取了中国传统纸卷轴的灵感。纸具有悠久的历史文化和丰富多样的表现形式，为人类文明的传承奠定了基础。产生于汉代的漆红色，是火炬外观的主体颜色，呈现出与历届奥运会火炬设计明显不同的特点；其红、银对比的色彩营造出了引人注目的视觉效果，有助于各种形式的媒体传播。火炬的上下比例得到了均匀的分割，祥云图案和立体浮雕式的工艺设计为整个火炬注入了高雅华丽和内涵厚重的元素。

自此，2008年北京奥运会的标志、标准字、标志色、吉祥物、辅助图形及圣火火炬全部设计完成，体现出了浓郁的中华文化特征。

四、广州城市识别系统

2017年12月，《财富》全球论坛在广州市举办，这也是《财富》全球论坛首度落户广州。广州市委宣传部以此次《财富》全球论坛为契机，首次推出全新的城市标志设计，打造广州形象。此标志为广州美术学院视觉艺术设计学院曹雪教授团队设计（图5-2-6）。

城市标志是一座城市象征性的视觉符号，其主要目的是用于城市形象的推广与宣传。所以，广州的城市标志的视觉特征与文化内涵应能够承载广州市绝大部分市民的文化认同和时代认同。广州城市标志由中文“广州”二字组合，其整体形态提炼于广州地标建筑“广州塔”，具有极强的辨识度。同时，“广州”二字也似船帆与飞鸟的形态，呈现出千年商都海纳百川、生机勃勃的繁荣景象。整个图形凸显出国际化、智慧型城市的风格特征。

图 5-2-6　广州城市形象标志设计

五、“铜师傅”品牌特征

“铜师傅”是 2013 年成立的杭州玺匠文化创意股份有限公司（以下简称“玺匠文创”）的旗下品牌，主要从事铜质工艺品的设计、制作与销售。短短数年时间，玺匠文创获融资总额累计超过 4.2 亿元。目前，“铜师傅”已经跻身为线上家居饰品类文创品牌的“头部品牌”，其标志与典型产品设计如图 5–2–7 所示。

继“铜师傅”之后，玺匠文创又先后策划了“铜木主义”“玺匠”等文创品牌。其中，“铜师傅”专注于铜工艺品的设计和制作，“铜木主义”聚焦于线上家具领域，“玺匠”则为将来开拓线下渠道的品牌储备。

“铜师傅”文创品牌先后与中国国家博物馆达成 IP 授权，与中国美术学院达成战略合作；还相继拿下了漫威《复仇者联盟》、刘慈欣原著改编的电影《流浪地球》、大英博物馆、著名艺术家韩美林的授权；并邀请知名影视演员作为形象代言人。借助“互联网 + 文创 + 设计”的模式，通过网络众筹、大师设计、经典复刻、IP 延展、馆院合作、粉丝传播、线上销售等手段，以及标准化、工业化的加工方式和快消品的销售方式，来构建其商业模式。

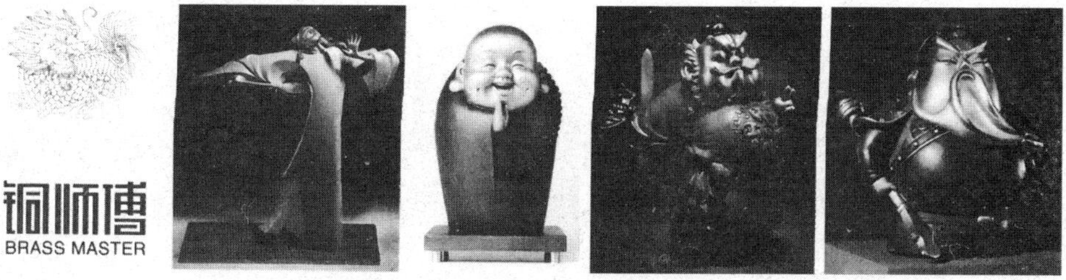

图 5-2-7 “铜师傅”标志与典型产品设计

第六章　现代艺术设计推动文化创意产业发展

本章的主要内容为现代艺术设计推动文化创意产业发展，详细介绍了我国现代文化创意产业的发展与价值、现代艺术设计与文化创意产业的融合、我国现代艺术设计与文化创意产业的发展与展望。

第一节　我国现代文化创意产业的发展与价值

一、我国现代文化创意产业的发展

进入21世纪以来，我国各地区文化创意产业得到快速发展。文化创意产业一方面推动了城市经济发展、文化繁荣；另一方面成为城市的亮丽名片，提升了城市的品位和形象，带动了就业。因此，我国各大城市都高度重视文化创意产业的发展，其中北京、上海、深圳、天津、广州、重庆、杭州、长沙、大连、哈尔滨、西安、成都、昆明等地的发展尤为迅猛，成为文化创意产业发展的核心城市，北京、上海、广州、深圳、长沙等城市更是成为全国文化创意产业发展的龙头。

（一）北京文化创意产业的发展

自2005年开始，北京的文化创意产业就开始进入蓬勃发展的时期，北京也将文化创意产业的发展看作重要的发展战略，认为这不仅可以提高人们的创新能力，而且对于创新型城市的建设也有巨大的推动作用。众所周知，北京是我国的政治和文化中心，不管是在科研、人才，还是在市场、信息等方面，都有着非常大的优势，每年在文化创意产业上创造的产值都颇为可观。然而，任何产业的发展都有制约因素，文化创意产业也是如此。

北京的文化创意产业的发展特点是集聚式的。北京市政府认定了30个文化创意产业集聚区，并且分成4批完成认定，它们是促进北京文化创意产业发展的中坚力量。这些集聚区广泛分布在北京16个市辖区内，其中集聚区最多的当属朝阳区，共有8个集聚区，其次是海淀区，共有3个。2018年，中共北京市委、北京市人民政府印发的《关于推进文化创意产业创新发展的意见》中提出，要围绕建设充满人文关怀、人文风采和文化魅力的中国特色社会主义先进文化之都，培育一批世界知名的文化团体和创意人才，推出一批有深远影响力的文艺原创精品，形成一批有示范引领作用的行业龙头企业，建成一批有核心竞争力的产业集聚区，打造一批展现中国文化自信和首都文化魅力的文化品牌，构建统一开放、要素集聚、竞争有序的现代文化市场体系，使文化创意产业发展结构更趋合理、文化创新引领作用更为突出，建成市场竞争力强、创新驱动力足、文化辐射力广的文化创意产业引领区。

（二）上海文化创意产业的发展

在具体的实践中，上海的文化创意产业在不断地突破和创新中稳步发展。总的来说，上海的文化创意产业一直是我国众多城市中的佼佼者，始终处于领先地位。具体来说，主要体现在以下几个方面：第一，产业规模不断加大，产业结构持续优化；第二，产业载体越发多元，并且出现很多大的项目，逐渐呈现出品牌和集聚效应；第三，行业活力不断增强，呈现出大、中、小企业共同发展的局面；第四，产业空间布局呈现出产城融合的趋势。

文化创意产业发展迅猛，正逐渐成为上海新的支柱产业，产值逐年攀升，为上海的经济发展作出了重要贡献。

（三）深圳文化创意产业的发展

深圳是我国发展文化产业比较早的一座城市，2003年就已经将其列入四个支柱产业之中了（其余三大支柱产业是现代金融业、高新技术业和现代物流业）。在市场、科技和产业三方面的优势下，深圳探索出了一个适用于文化产业发展的新模式——“文化+”模式。该发展模式不仅对经济的转型和升级具有一定的促进作用，而且在结构调整方面也发挥了重要作用。

近年来，深圳一直坚持创新驱动发展战略，围绕“文化+”培养新型业态，致力打造知名品牌和企业，提升文化创意产业发展的质量和水平。

文化创意产业在深圳经济发展中占据重要位置。2004年，深圳基于文化创意产业提出了“文化立市”的发展战略。在此后的13年间，该产业始终维持平均20%的增速，使得深圳成了我国文化输出的重要城市和基地。2018年，深圳文化创意产业的产值第一次超过了全市GDP（生产总值）的10%。2021年，深圳市起草了《深圳市文化产业高质量发展规划（2021—2025）（征求意见稿）》，该稿提出通过增强两大核心动能、强化五大发展支撑、实施四大行动、打造十大增长极，形成深圳文化产业高质量发展体系。此外，深圳市还制定了《深圳市培育数字创意产业集群行动计划（2022—2025年）》，强调对一些重点企业、项目进行梳理，并明确了数字创意产业的任务、发展目标，提出了一些举措，确立了“一核、一廊、多中心”的产业布局，初步建立了“六个一”工作体系，大力招商引资。在这样一系列举措的实施下，深圳文化创意产业的发展取得了明显的成效。

二、我国现代文化创意产业的价值

（一）有利于推动产业结构调整，促进产业结构优化升级

中华人民共和国成立70多年来，特别是改革开放40多年来，我国的社会经济发生了翻天覆地的变化，人民生活水平有了极大的提升，社会生产力也得到了极大的解放。回顾我国经济结构的调整历程，可以看出，我国产业结构经历了明显的阶段划分，即由中华人民共和国成立之初的“一二三”产业结构，转变为“二三一”产业结构，再到现在的“三二一”产业结构。这是由我国社会生产力的发展水平和发展阶段所决定的，是经济发展的内在规律使然。中华人民共和国成立之初，社会经济百废待兴，各项事业都在不断寻求调整，社会生产力亟待提高，作为发展中国家，工业和服务业得不到很好的发展。直到1953年，我国开始了以“集中力量进行工业化建设”为主要任务之一的第一个五年计划，重工业成为当时我国发展的重点，五年建设的基本任务是为国家工业化打下基础，建设方针是以重工业为主、轻工业为辅。为恢复生产和发展，第二产业开始占据我国经济发展的主导地位，并开始转变经济结构。改革开放之后，这种优先发展重工业的发展思路不再适应市场经济的要求，因而我国经济转变为以发展轻工业为主。直到2013年，第三产业增加值增长8.3%，此时第二产业增加值增长7.8%，第三产业增加值首次超过第二产业。至此，我国产业结构才实现了由最初的“一二三”

向“二三一”转变，并逐步过渡为“三二一”的发展态势。

文化创意产业是典型的第三产业，发展文化创意产业能够有力带动传统产业优化升级。创新是优化产业结构的动力因子，主要体现在促进产业结构高等化方面，即促进第一、二、三产业内部结构由低到高逐步递进，向三大产业注入文化科技含量，实现第一产业的现代化、科技化、创新化，拓宽延伸产业链条，从农业种植、养殖走向休闲旅游与健康养生；同时，推动第二产业的不断创新，丰富其文化内涵，由“中国制造”转为“中国创造”；使第三产业产生裂变，由此产生若干新型产业集群，提高产业附加值。

从文化创意产业的发展形势来看，它是一种高附加值、低能耗、低污染的产业。加快推进文化创意产业的发展，与我国现阶段经济发展方式的转变是一脉相承的。文化创意产业对改变经济发展方式具有一定的促进作用，并且可以使经济的运行水平得到提升。两者强调的都是改进结构和质量，将以前高消耗、高投资和高污染的发展形式，转变为高技术、高收益、高附加值的发展形式；从以前只注重经济增长指数转变为强调社会、经济、环境三者结合的综合指数；摒弃以往只追求积累高财富、高物质的发展，逐渐转变为注重精神和社会福利需求；从单纯地注重资金、技术等生产要素转变为注重知识、制度与结构；从短时间的粗放式发展转变为长期的集约型发展。所以，促进文化创意产业的发展是加快转变经济增长方式、实现经济可持续发展的重要途径。

（二）有利于加快文化建设步伐，促进文化产业繁荣发展

文化创意产业属于文化建设的重要内容，对补充和发展文化产业具有重要作用。随着社会的进步和经济的发展，人们已经不仅仅满足于对物质生活的追求，更注重对精神层次的追求。这种追求促进了人们对能动意识的转变。由于人的自觉性、自愿性的不断增强，人们开始强调独立和自由，并且开始不断强化人的主体意识，因而更加注重对生存、政治、发展、文化等权利的追求，尤其是人们参与文化生活、分享文化成果等的文化权，人们的追求开始慢慢上升到精神层面。

大力发展文化创意产业已经成为推动文化建设、社会建设、经济建设和谐统一的重要手段。文化创意产业所具有的经济和文化价值促进了经济建设的发展，可以解决某些行业领域存在的道德失衡问题，并对解决人文素质下降和低俗产品泛滥等问题也起到了积极的导向作用。社会效应集中体现为文化创意产品的内在价值，这种效应虽表现为物质产品，但是传递着某种精神价值，它代表了人类智慧，体现了人类的创新性，也是个体和社会发展、进步的标志；它蕴含的生活态度和人生价值观是健康乐观、积极进取的，它对于提升人的精神境界具有潜移默化的影响。

（三）有利于提升城市形象，形成对外竞争优势

城市形象是一个城市的名片，是城市形成对外竞争力的重要表现。强化城市形象建设，有助于推进城市发展和形成对外影响力。文化创意产业是一个系统工程，并不是由单一产业或单一部门形成的，因此需要形成集聚效应。随着后工业时代的到来，信息产业、科技产业、文化艺术产业等都将成为未来支撑服务业发展的关键产业。城市在生产、生活方面的功能也将发生改变，慢慢变成以服务功能为主的信息服务、管理决策的中心，然后促使城市从以往的制造业转向服务业，使传统城市转变成信息城市，使城市以往的单一性功能发展成多元化的功能。就如今的全球局势来说，很多城市都是以文化著称的，如圣彼得堡、墨尔本、佛罗伦萨、巴塞罗那等，这些城市都以综合功能为主导，已成为文化创意的中心。从空间范围上讲，文化创意产业对于相关产业的发展还具有一定的带动作用，可以形成组团、集聚模式，并且由原来的静态空间转向多维空间结构。

文化创意产业正是在这一发展进程中，以经济、文化和艺术为载体，形成了多种形式的文化创意集群和文化创意产业社区，并将其作为引领城市发展、打造城市特色品牌的“名片”。同时，文化创意产业这一集聚效应将逐步从城市延伸至城市群，这一空间变化有利于城市影响力的拓展。

文化创意产业有助于推动城市的更新与升级，提升城市的形象，如当废弃的建筑或者工厂被重新修葺利用时，城市便得到了有效的升级。纽约的转变、曼彻斯特的形成都是由于文化创意产业的发展，让原本衰落的城市重新获得了生机。文化创意产业既能保护城市文化生态，又能继承并延续城市文化历史风貌，让老旧城市重新焕发生机，成为全球优秀的文化与创意中心，以及开放多元的国际文化都会。

文化创意产业有助于打造城市品牌，形成城市核心竞争力。以北京 798 艺术

区为例，这个位于朝阳区酒仙桥路的艺术区，原来是国营 798 厂等电子工业的老厂区所在地，是 20 世纪 50 年代由苏联援建、民主德国负责设计建设的重点工业项目。但是，伴随着北京都市化进程和城市面积的扩张，原来属于城郊的大山子地区已经成为城区的一部分，原有的工业外迁，原址上必然兴起更适合城市定位和发展趋势的无污染、低能耗、高科技含量的新型产业。为此，“798”开始寻求创新。自 2001 年以来，一些北京和其他地区的艺术家逐渐集聚 798 厂，他们以独到的眼光察觉到在这里从事艺术活动具有很大的优势，他们将原有的厂房风格充分地加以利用，在稍微修饰与改良后，使这里成为独具特色的、进行艺术创作和展览的空间。如今，已经有大约 200 家从事与文化艺术相关的机构来到了该区域。这也成为典型的文化创意产业带动地区经济发展、形成对外宣传名片的有力证据。

（四）有利于增强国家软实力，提高国际竞争力和影响力

文化已经成为这个时代各国抢占的高地，文化是一个民族或地区内在的精神，对于推动地区社会经济发展具有重要作用。大力发展文化创意产业，对中国传统历史文化与民族文化资源进行持续挖掘与创新，将社会主义核心价值体系作为文化创意产品的精神实质，将社会规范、政策法律等作为文化创意的制度载体，将具有鲜明地域与民族特色的生活方式与风俗习惯作为文化创意的行为方式，这是提升中国文化软实力的重要路径选择。我国拥有悠久的历史，对优秀传统文化的继承和创新，有助于重塑我国在国际竞争中的形象。大力发展文化创意产业，将中华优秀传统文化植入其中，能够提升国人的文化自信使国人重新认识中国文化，承担起传播文化的责任，探索文化精神。文化创意产业的发展，促进了相关产业的形成，加强了本国与世界各国的联系，在宣传自身的同时，将文化进行输出，有助于增强其他国家对本民族文化的了解与认同，更加有助于提升国家或地区在世界竞争中的地位和影响力。

第二节　现代艺术设计与文化创意产业的融合

一、现代艺术设计与文化创意产业的关系

（一）艺术设计是文化创意产业发展的依托

艺术设计教育可以对个体的思维进行启发，同时，它也能使个体的创造力与整体素质得到提升。文化创意产业要想得到更好的发展，必须以艺术设计为基础，它能够为文化创意产业带去思想资源，并且从智力和人才方面为产业发展提供支持，为促进产业结构优化、产业规模扩大提供人才保障。早在1998年，英国的创意产业工作小组就对创意产业的内涵进行了明确："源于个人创造力、技能与才华的活动，而透过知识产权的生成和运用，使其创造财富并促进就业。"①例如，深圳市是我国第一个提出"文化立市"战略的城市，并且就文化创意产业制定了首部地方性的法规；此外，还设立了专项基金用于该产业的发展，并且对创意设计行业、动漫游戏行业进行大力扶持，促使深圳市从以往的"文化沙漠"逐渐变成了"设计之都"，文化产业也成了该市的四大支柱产业之一。由此可见，人才的力量是无限的，任何产业的发展都离不开人才提供的巨大能量。对于我国来说，文化创意产业属于新兴产业，虽然起步较晚，但是发展速度却十分惊人。据统计，截至2020年，上海共认定了149家市级文化创意产业园区。2022年，北京市文化创意产业园区的数量为160个。目前，对于我国文化创意产业来说，最重要的工作就是培养出更多具有高文化素养、高思维能力和创新能力的综合型人才。

（二）艺术设计创新人才是发展文化创意产业的核心

在当今知识经济时代的背景下，人才已成为社会发展的最重要资源，而高等教育机构则是人才培养的关键场所，其使命在于培养具有创新精神的人才。当前，全球经济正在以惊人的速度蓬勃发展，随之而来的是物质财富的不断积累。所以，

① 马仁锋．创意阶层集聚与城市空间互塑的理论渊源、逻辑关系与发展进路[J]．学术论坛，2022，45(4)：16-30．

文化产业也越来越被人们重视，党和国家的重大任务就是坚持人才强国的发展战略。高校在艺术设计教育方面必须紧跟目前文化创意产业发展新形势，转变办学理念，以适应社会的发展需求。要抓住专业的定向性、敏感性、开放性等特点，结合新形势下的要求，对教育观念进行革新，对以往陈旧的教学模式进行改进，坚持新时代的教学理论，将理论和实践结合起来，让学生树立创新意识，从整体上提高学生的创造力，并积极探寻可以培养具有创新能力人才的新渠道。通过这些努力，才有可能培养出更多富有文化见识、审美素养、创造力和想象力的综合型人才，从而推动文化创意产业又好又快发展，为我国的文化创意产业甚至是整个世界的文化创意产业做出更多的贡献。

二、现代艺术设计与文化创意产业的创新

（一）探索创新模式与途径

从现代艺术设计的角度来说，文化创意产业为其发展创新带来了新的契机。在以前，虽然现代艺术设计以及相关的设计产业也在我国取得了很好的成绩，但是都没有因此而产生现象级的成果。导致这种情况出现的原因主要是以前我国的文化创意产业还处在萌芽阶段，而且在宏观的发展背景下，现代艺术设计的发展也遭遇了缺乏创新动力的困境。当前我国的经济结构正面临转型升级，国家对文化创意产业也越来越重视。因此，一定要抓住这一机会，促使文化创意产业得到更好、更快的发展。同时，在这一形势的要求下，现代艺术设计也迎来了创新、发展的机会。具体而言，文化创意产业的发展从两个方面为现代艺术设计的创新提供了条件。

第一，随着文化创意产业的发展，一批又一批的人才将被吸引到该行业当中。在以前，文化创意产业的发展还不成熟，很多人可能对其缺乏信心，所以，很多管理人才和专业的设计人才都不想进入该行业中，由此便出现了文化创意产业缺少可用人才的局面。近年来，这样的局面发生了根本性的转变，人们发现了文化创意产业的发展前景。于是，很多人才都涌入该行业中，使其拥有了一定的人才基础，这也使得现代艺术设计行业被注入了新的活力。这是由于新加入文化创意产业的人才，不管是在技能、思维方面，还是在经验、创造力方面，都可以为现

代艺术设计行业的发展带来很多便利。这样一来，现代艺术设计的发展创新之路就会越走越好。

第二，文化创意产业发展会产生集聚效应，这种效应对现代艺术设计的创新和发展具有一定的推动作用。集聚效应带来的力量是不容小觑的，对于文化创意产业来说，这一点体现得更加明显。近年来，我国出现了很多文化创意企业，在它们的不断交流与发展下产生了集聚效应，使文化创意产业的发展道路更加畅通。同时，在各个企业的合作交流过程中，也出现了更多创新的火焰，在现代艺术设计行业，这一点表现得尤为明显。在新鲜血液的融入下，人们经常就现代艺术设计行业中的一些问题进行沟通和交流，因为每个企业在经营业务与人才结构上各不相同，所以更容易迸发出很多新思路和新创意，而这恰恰是原来现代艺术设计行业缺少的东西。由此可见，因文化创意产业的发展而形成的集聚效应对于发展现代艺术设计行业有着很强的实际影响。

（二）加大现代艺术设计创新人才培养力度

不管是在什么时代，各个行业都应对人才培养问题予以重视，现代艺术设计行业也不例外，同样要注重人才的培养。虽然在过去的时间里，教育部门及企业都花费了很多的时间和精力去培养艺术设计类的创新型人才，但取得的效果却不尽如人意。分析其原因，不仅仅是教育策略上出现了一些问题，最重要的还是时机不对。当时文化创意产业还处在萌芽阶段，人们对文化创意产业与现代艺术设计的发展没有明确的规划，在这样的情况下，人们自然对其没有什么兴趣，更别说冒险进入这一行业了。于是，在这样没有清晰蓝图的情况下，高校在教学和人才培养上，就会出现教学内容和课程设置与行业日后发展不相符的现象。因此，即使为了该行业的发展投入了大量的资金和资源，但学生实际学到的东西却无法施展，没有机会在实际生活中应用。目前，文化创意产业得到了长足发展，大家对这一产业的未来发展路径有了比较清晰的认知，同时对现代艺术设计以后要朝着什么方向发展也有了更加深刻的理解。此时再去加大相关人才的培养力度，就会使其应有的效用得到发挥。

（三）汲取传统文化的精髓

虽然现代艺术设计所使用的主要元素和构成要件都是现代艺术门类中的内

容，但是推动其创新和发展的重要动力却是对我国传统文化精华部分的汲取。而且，在生机勃勃的文化创意行业里，就有很多的组织和企业将目光锁定在传统文化上，想要将传统文化中的一些元素进行活化与创新，然后运用到产业发展中去。这些企业独到且长远的目光也十分值得现代艺术设计行业的一些企业去学习。在以前，现代艺术设计走创新之路时忽略了传统文化蕴藏的巨大能量，甚至该行业里的部分人觉得传统文化和现代艺术设计毫不相关，根本不能结合或者搭配在一起。但实际上，很多勇于尝试的企业已经把传统文化的元素运用到了产品设计中，并且取得了一定的成果。他们在把传统文化元素运用到现代艺术设计中后，创造出了很多与市场上流通的产品差别很大的新产品，这样的新产品带给人们耳目一新的感觉，于是很快得到了大众的追捧。例如，有的现代艺术把传统绘画的技艺融入现代的绘画技艺中，运用既带有时代特色又颇具民族特色的装裱技术代替普通的制作工艺，从而创造出让人眼前一亮的绘画作品。这类充满设计感的作品上市之后深受大众好评，使得销售额不断上涨。又如，有的企业在现代艺术设计中融入了敦煌壁画的元素，带给人视觉上的美的享受。由此可见，如果在现代艺术设计中融入传统文化的内容，所获得的效果将是难以想象的。同时，两者的交融与普遍适用的要求也是相符的。这是因为我国的传统文化有着十分丰富的门类和内容，能够供现代艺术设计使用的资源不可胜计。该行业的企业如若可以好好利用这一资源，势必会推动现代艺术设计领域的发展和进步。

文化创意产业的腾飞使现代艺术设计迎来了很好的发展机会。现代艺术设计在进行创新时一定要注意坚持适用性、实用性这两个原则，然后抓住发展契机，并在产业集聚效应下，努力探寻出可行的发展新模式和新道路。加大人才的培养力度，充分利用传统文化资源，使现代艺术设计得到创新性地发展。另外，还要向其他的国家和地区借鉴一些好的经验，并在遵循上述的两个原则的基础上总结出有效的发展策略，采取可行的发展手段。

三、现代艺术设计与文化创意产业的结合

（一）艺术设计价值体系在创意经济时代的界定

艺术设计是一种将艺术与技术相互渗透、相互融合的高度综合的艺术形式。

20世纪末，我国尚未出现艺术设计这一概念，而是被装潢设计或工艺美术所指代，成为一种新兴的艺术形式。艺术设计的诞生与人类的生产生活有着十分紧密的联系。追溯艺术设计的起源，不难发现，当人类首次使用工具或器物时，艺术设计便随着人类文明的演进而逐渐成形。随着社会的演进，艺术设计实质上是人类运用自身的思维模式对自然进行征服和改造，从而创造出一种令人惊叹的、与自然融为一体的过程。所以说，艺术设计与人类文明之间存在着不可分割的联系。设计是人类智慧的结晶，是人类文明的一种高度凝练的表达方式。艺术设计的价值体系，在不同的环境和时代背景下呈现出多样化的内涵，其能推动产业的繁荣和创造更多的价值。

1．价值观的流变

对于艺术设计来说，我国悠久的历史中流传下来的宝贵的传统文化资源是促使其发展的宝贵资源，不过，对艺术设计提起重视还只是近些年的事。在之前很长的时间里，有关艺术设计的价值体系还是单一化的，处于核心地位的是设计的审美价值，也就是装饰的视觉形式。直到19世纪中期，以威廉·莫里斯为首的设计者逐渐产生了大众设计和民主设计的思想。到了20世纪初，使现代设计教育体系得以确立的里程碑式的设计思想——包豪斯设计思想发展了起来。从此以后，艺术设计就成了人类生活中不可忽视的东西，它就像一双无形的大手，覆盖了社会、经济、文化等多个与人类生活息息相关的领域，其地位也在不断提升。相比于19世纪中期的古典装饰式样，现代艺术设计与产业社会的关系更加密切，具有经济性、实用性等多种特性，并且使社会、经济、文化的结构和外在的表现形式发生了根本性的变化。在20世纪中期，以德国的乌尔姆设计学院为首的学派表示，设计将科学、理智与技术进行了结合，认为艺术设计应该强调人机的对话，要将人的活动作为根本，提出艺术设计要参与到新的文化建设中去，这时，艺术设计需要肩负起促进产业发展和文化构建的伟大使命。到了20世纪70年代，后现代设计得以盛行，个性化的设计价值观念成了时代的主流，国际主义风格的设计成了人们眼中乏味枯燥的代名词。总而言之，在不同的时代，艺术设计被赋予了很多不同的使命，并且其价值体系的含义也被烙上了不同的时代印记。

2．价值体系的构成

艺术设计的价值在于通过智慧的创造性活动，将物质转化为具有一定属性的对象，并以直接或间接的方式确认和创造该对象的经济、社会、审美和文化价值，从而体现出人们对社会关系的认知和对各种需求的满足。19 世纪之前还处于装饰主义时代，那个时候的设计价值只追求过分的装饰，追求美的形式，却忽略了实际的功能性。直到近现代，随着工业革命的到来，生产方式变得更加标准化，功能性的设计观慢慢变成主流；并且在功利思想的影响下，人们在艺术设计中更加关注经济效益和成本的消耗，艺术设计语言被忽视，缺少了新的表现形式。艺术设计的价值构成进入了一个面向工业化大生产的单向度的体系，人们更加关注和“物”有关的价值，并有意无意地忽视情感与文化的价值。20 世纪七八十年代后，创意产业得到了发展，艺术设计也慢慢有了多元化的价值，从而引发了专家和学者对于该领域的研究。在创意经济时代的发展背景下，艺术设计的社会、经济、审美这三方面的价值共同构成了它的价值体系。

（二）创意经济时代下经济价值是艺术设计的核心

艺术设计为社会形态的进步和创意经济的发展提供了强大动力，使其在产业和经济战略上有了一定的地位。艺术设计肩负着促进经济发展的重任，对国家、企业或组织的发展也有着巨大的推动作用。如今创意经济是时代发展的主流，在全球化市场竞争激烈的背景下，很多国家都对艺术设计十分重视，并且为了促进艺术设计的发展，投入了很多资源和精力。

1. 艺术设计是物化的产业

如今，在创意产业里，艺术设计得到了飞速发展。社会、文化正面临着转型，艺术设计和国家的经济建设、物质文明建设和精神文明建设等方面都有着非常紧密的联系。站在消费与生产的角度来看，艺术设计实质上是种物化的产业。

（1）艺术设计与生产

在经济领域，最基础的行为活动就是生产，生产和设计之间的关系就是具体化的经济与设计之间的关系。第一，对于社会生产来说，艺术设计是其组成部分。艺术设计必须兼顾生产，同样生产也要靠艺术设计作为支撑。第二，从某种角度来说，艺术设计的过程也是生产的过程。艺术设计不仅是整个生产过程的前端，而且它本身也是生产的过程，是把精神生产与物质生产融合在一起的新的生产。在此过程中，经济价值、审美价值、文化价值得以产生，艺术设计本质上也是一种生产力。在以前手工艺盛行的年代，艺术设计还没有从生产中独立出来，工人们同时拥有多种身份，如制作者、设计者、消费者等。直到工业革命后，艺术设计才逐渐分离出来，成了一个专门的行业和学科。不管是从艺术设计的角度，还是从生产的角度讲，将艺术设计从生产中分离出来是产业发展的体现，通过将生产过程转化为艺术设计，再将艺术设计转化为实际生产成果，从而实现其经济价值。因此，艺术设计作为一种文化形态与产品相结合，能够创造新的消费方式和生活理念，从而形成具有创造性的艺术产业。在创意经济时代，艺术设计并未以产业的形式呈现，而是被视为一种构成生产的要素，融入各种创意产业之中。

（2）艺术设计与消费

消费是人们的一项基本的经济活动，人们通过这种经济活动获得精神与物质资料，以满足基本的生活需求，这可以说是人生存发展过程中所必须经历的过程，是社会再生产过程中的重要环节。艺术设计和消费之间的关系，集中表现为艺术设计和经济之间关系的具体化。信息时代下，规模宏大的标准化生产模式已经改变，生产与销售开始从注重生产者效率与收益向满足消费者需求转变。换言之，在创意经济时代，艺术设计在本质上就是为了满足消费者的需求。

第一，我们必须意识到，艺术设计一直是为促进消费而服务的，有了需要才会有生产。在研究过西方的艺术设计历史后我们就会发现，不管是艺术设计的产生还是其发展，都是以人类需求为前提的。对人类来说，需求是永远都存在的。随着社会的发展，人类的需求越来越多元，以至于消费也变得更加多元。在这样多元化的发展趋势下，艺术设计价值体系在形态上也随之发生改变。此外，艺术设计不仅为消费服务，还是促进消费、实现流通的重要方法。因此，在进行艺术设计之前必须对消费和消费者有一个清晰的了解，然后有针对性地设计出与消费需求相适应的产品。

第二，艺术设计可以创造消费。艺术设计拥有巨大的能量，能够刺激人们的消费欲望，从而打造出远远超越真实需求的消费市场。如今的市场竞争十分激烈，此时，企业如果能对艺术设计加以重视，它势必会成为创造消费的有力武器。

2. 艺术设计是创造价值的方法

马斯洛的需求层次理论认为，人的需求分为八个层次，通常被描绘成金字塔内的等级。从层次结构的底部向上，分别是生理需求、安全需求、归属和爱的需求、尊重需求、认知需求、审美需求、自我实现的需求、超越需求。马斯洛认为，一个人只有满足了当前层次的需要，才能进入下一层次。金字塔底部的需求是非常基本的需求，越到金字塔的顶部需求越复杂。

经济学理论认为，消费者愿意支付的价格约等于消费者获得的满意度，通俗点说就是，同样的物质产品或者精神产品，如果它能够满足人们更高层次的需求，那么它的定价也将会更高。在创意经济时代，市场竞争最激烈的往往都是一些低端产品，这是由于其满足的需求层次低，人们无法从这些产品中获得更高层次的追求，也就只愿意为它花费更少的金钱。在创意经济下，人们可以通过艺术设计的方法，为产品打造出更高层次的需求价值，提升设计出来的新产品在市场竞争中的附加值和竞争力。从20世纪末期到现在，欧洲、美洲及亚洲的多个国家都进入了后工业时代，很多国家的经济发展都慢慢从工业经济转型为创意经济。创意经济时代也可以叫作艺术设计时代，在这一时代里，很多产品都会通过艺术设计这一方法实现高附加值，而之所以能够实现这一点，是因为艺术设计可以赋予产品更多的艺术内涵，也就是根据消费者不同层次的消费需求以及经济能力开发出不同的产品，以满足不同需求层次的人的需求。

3. 艺术设计作为管理的手段

彼得·贝伦斯是德国有名的设计者，是德国现代主义设计的重要奠基人之一。他在20世纪初期和德国通用电气公司合作，第一次把艺术设计引入了经济管理中，将其发展为经济管理的方法，使其在历史的舞台上大放异彩。

通过艺术设计，彼得·贝伦斯打造出了企业形象识别系统，它为经济管理的发展起到了很大的推动作用。这个系统对企业的内部和外部都发挥着重要作用：对外它发挥了广告的作用；对内强化了企业人员的意识，展现了企业的个性。

（三）创意经济时代下艺术设计的审美价值

人类对美的追求最早可以追溯到远古时期，那时候的人类从生产方式上便体现出了对美的认识和追求。比如，我们可以从出土的石器上看到一些排列整齐的小孔，在彩陶上面可以发现一些纹饰等。在创意产业迅猛发展的当下，不管是政治、经济，还是文化，都得到了很好的发展，人们对物质领域及精神领域都提出了更高的要求，对美的要素越发重视，人们急切地想要在功能需求得到满足的前提下使精神需求也能得到满足，从而使自己的生活品质得到提高，同时使自己的生活更具文化气息。艺术设计属于人类创造性的一种社会实践，通过艺术设计，艺术、技术及生活才得以结合。

1．技术之美

在艺术设计中，我们所说的技术包括多个方面的内容，如产品的性能、材料、工艺等。技术之美体现的是客观的思维形态，更加注重理性的思考。经过艺术设计的产品不仅有完美的结构，同时还具备良好的性能，可以与人的情感、审美产生共鸣。除此之外，如果在进行艺术设计时采用新的材料和技术，就可以获得更高级的肌理感，这都是技术美的体现。要想实现技术之美，离不开技术的发展，如今科学技术发展迅速，使技术之美在艺术美学中占据了越来越重要的位置，成为其重要组成部分。

2．形式之美

在艺术设计中，形式美所带来的审美价值也是不容忽视的。形式美产生于人类的生产实践，并且在历史的不断发展中慢慢成熟，最后在人类的社会生活中扎根，成了“有意味的形式”。形式美产生的过程具有长期性和复杂性，它不仅包括心理和观念的累积，还包括情绪等多个形式的累积。形式美通常由两部分构成，一是感性质料，如图形、颜色、形状等；二是感性质料间构成的规律。

（四）创意经济时代下艺术设计的社会价值

艺术设计的创作活动是一种有意识、有目的的社会行为。艺术设计是出于社会需要、受制于社会规范、服务于社会而产生的，它绝不仅仅是设计者的“自我表现”。所以，艺术设计从其诞生之日起就承担着相应的社会责任，并兼具诸多社会功能。

1．社会可持续发展的支撑

创意经济时代不仅注重高附加值，同时也追求可持续发展。因此，艺术设计除了要注重创造价值、为产业的发展提供服务外，还要兼顾社会的可持续发展，树立可持续发展的理念。具体可从以下两个方面入手。

第一，艺术设计不仅要满足物质功能和精神功能，还要坚持以人为本的理念，处理好人与社会、人与自然的关系，在实现生产力发展和满足人类生活需求的同时，注重生态环境的保护，树立人性化的绿色设计观，为社会的可持续发展作出自己的贡献。

第二，艺术设计要以集约设计为价值导向。高利润所产生的诱惑可能很多人都抵挡不住，因此会为了高利润盲目地迎合大众，盲目地追求创新，做出很多与价值不对等的改变。在此过程中，很多被创造出来的大量的多余产品就会堆积到市场中，没有用武之地，这不仅浪费了大量的资源，还对环境造成了不小的破坏。因此，在进行艺术设计时，应该站在道德的高度承担一定的社会责任，在资源的利用上要充分且高效，实现人与自然的和谐共存。

2. 艺术设计是文化的外显和传承

文化是人内在力量的外在表现和产物。从广义上来看，文化是人类通过与外在的、构成创造前提条件的环境相适应，所实现的一切生活方式，所形成的心态和行为样式，以及因这些方式和样式之需所创造的产品。简单来说，文化不但有“物”的内容，也包括“心”的内容，以及“物”和“心”相结合的内容。文化不是一种环境，而是人和环境相互作用后产生的结果，同时也是人适应自然环境、社会环境，以及人与人相互作用的产物。在人类漫长的实践发展中，产生了很多文化成果，艺术设计就是其中的一个组成部分，它在行为方式和观念上都被文化所约束。艺术设计又是文化的载体和传承者，文化可以通过艺术设计变得具体。在创意经济的时代，要使艺术设计的载体功能得到发挥，从而设计出好的产品，为我国的文化创意产品走出国门、迈向世界创造条件。

艺术设计的价值体系包括多个方面的内容，如文化、社会、经济等，而且随着时代的发展，艺术设计迎来了更快的发展，同时还增添了很多新的内容。文化创意产业对经济转型具有很大的作用，而艺术设计可以为发展文化创意产业提供强大推动力。对创意产业而言，艺术设计和艺术设计的人才是发展的核心。因此，随着文化创意产业越来越受重视，社会也对艺术设计行业和这个行业的人才提出了新要求。所以，要用理性、科学的眼光去看待艺术设计价值体系的含义，这样才能为文化创意产业的良性发展提供有效保障。

第三节　我国现代艺术设计与文化创意产业的发展与展望

一、我国现代艺术设计的发展与展望

（一）我国现代艺术设计的价值取向

对于现代艺术设计而言，如何正确把握价值取向，主要体现在两个方面：第一，必须对艺术设计的时代感进行体现；第二，要强调实践性。现代艺术设计的生命之本就是创新，所以必须培养和提高创新意识，注重艺术作品的创新性。另外，还要强调具有个性化的价值取向，以提高产品性能为基础，然后再将具有个性化的设计思想应用其中，使现代艺术设计的科技和人文文化都得到很好的发展，同时促使两者进行更好的融合。

（二）我国现代艺术设计的发展路径

1. 将我国本土文化与国际艺术设计文化相融合

经济全球化的发展要求设计者必须具有国际视野，学习国外一些优秀的艺术设计理念，但同时还要注意把本民族的优秀设计元素应用其中，使我国的设计走向世界，为世界艺术设计的发展作出贡献。站在设计文化的角度来看，在进行现代艺术设计时，要围绕设计理念展开，通过把具有我国特色的设计文化和国际艺术理念相结合，打造出优秀且具有本民族特色的艺术设计新面貌。要注意的是，设计者在学习了国际上的知名设计理念之后不能照搬照抄，完全脱离了民族化、本土化的设计理念，这种思想会严重阻碍我国的艺术设计发展。所以，我们在学习国外一些设计理念的同时，切不可忘本，要进一步强化民族意识，从而打造出具有本民族特色的品牌。当然，不管是我国的特色设计文化，还是国外的艺术设计文化，我们都应该用理性的眼光去看待。

2. 在可持续发展背景下创新研究现代艺术设计的发展

20 世纪 80 年代，为促进现代社会的健康发展，要坚持可持续发展战略的观点应运而生。而艺术设计要想得到长足发展，也必须坚持这一发展战略，走可持续发展道路。但在一些情况下，艺术设计存在着过度商业化的情况。所以，在这样的背景下，设计人员在设计过程中一定要承担起自己的职责，在满足设计要求的前提下坚持可持续发展。

可持续发展战略要求现代艺术设计树立绿色的设计理念，从而更好地适应现代社会发展要求。绿色设计其实就是对传统设计遗留下来的弊端进行改进，然后不断寻求环保的设计手段。此外，设计师还要基于产品需求，围绕绿色发展的核心理念，对新的设计方法进行构思，在材料的选择上要充分考虑可降解、回收的材料，从而设计出可持续利用的环保产品，把可持续发展当成设计准则，促使现代艺术设计更好更健康地发展。

3. 将个性化设计理念融入现代艺术设计中

到了 21 世纪，现代艺术设计也发展到了具有个性化要求的时代，现代艺术设计要符合现代的审美要求。经济社会的发展使人们在精神层面有了越来越高的需求。人们在选择一件产品时，会在其满足功能性要求的前提下选择更个性且更有设计感的产品。在个性化的设计要求下，现代艺术设计不能简单地去模仿、去跟风，设计出千篇一律的产品，而是要在设计理念中融入个性化的内容，提出更多具有个性化的设计方案，从而使设计水平得到提升。

4. 将现代科学技术与现代艺术设计相互融合

当前科学技术发展迅猛，对我们的生活产生了很大的影响。对于现代艺术设计来说，要想得到更好的、长期的发展，必须将科学技术融入自身，从而使自身的发展更具创新性和发展性。现代艺术设计要把实际生活中的情感和理性聚合起来，使其反作用到现代艺术设计中去，使人们的审美意识得到全面提升。同时，如果在现代艺术设计中应用现代科学技术，也会使现代艺术设计更加熠熠生辉。设计从本质上讲，就是进行艺术创造，任何一种产品的设计都代表了一种艺术表现形式。因此，现代艺术设计必须基于这些要求，利用科技手段寻求特殊材料，从而满足人们的各种需求。

在现代科技飞速发展的当下，现代艺术设计理念也要紧跟市场需求，把本民族的艺术理念和国际上的设计文化结合起来，在可持续发展战略的要求下开展绿色设计，并且要树立个性化的设计理念，紧跟时代发展，以科学技术为辅助，促进现代艺术设计更好、更快的发展。

（三）我国现代艺术设计的发展趋势

1. 绿色生态设计的发展

我们都知道，工业化的发展、艺术设计的创新使我们的生活发生了很大变化，为我们的生活提供了便利，然而，这样的创新和发展对生态环境也产生了很大的消极影响。人们在自我发展的同时，必须深刻意识到环境恶化带来的消极影响，培养保护环境的意识，努力寻找有效措施改善我们赖以生存的家园；在进行艺术设计时要树立绿色的设计理念，使现代艺术设计发挥出环境保护方面的作用。

2. 人性化、情感化设计的发展

科学技术在不断进步，网络和电子设备遍布于我们的日常生活中。在这样的发展背景下，现代艺术设计的发展迎来了新的契机，有了更好的发展平台。因此，艺术设计的相关人才要紧跟时代潮流，对设计方式进行积极创新；要从多个视角对设计方案给消费者的感受进行分析，使消费者对设计方案产生更高的接受度，拉近两者之间的距离，使消费者和设计的产品产生情感互动，并在此基础上设计出消费者满意的产品。在现代艺术设计中，情感设计可以最大化表现产品形态的情感，在产品设计中把精神层面的内容融入其中，使人们在欣赏设计的产品时，真正从内心产生共鸣。

3. 地域化、乡土化设计的发展

不同地区的生存条件势必会存在差别，因此，人们要想在无法改变的生存条件下生存的话，就会创造出各式各样的事物以满足自身需求。这些被创造出来的具有丰富形态的事物不但充分体现了人类文明，也对人类发展中的文化特性进行了反映。不管设计出来的东西是什么样的，当地的文化传统势必会对其产生很大的影响。设计者必须把自己的设计理念和传统文化相结合，这样才能使设计效果得到最大化提升。我国设计者在进行艺术设计时，要敢于尝试，把我国传统文化的一些元素应用其中，这样不仅使艺术设计的理念得到了创新性的突破，还能为自己的艺术设计注入活力。

此外，设计者还可以将科学技术融入现代艺术设计中，这样既能全面提高作品的科技性，还能为艺术设计的发展开辟出更宽广的发展道路。

二、我国文化创意产业的发展与展望

文化创意产业是指源于个体创造力的技巧和才华，通过开发和运用知识产权，以创造财富并增加就业潜力的产业，通常包括广告创意、建筑设计、时尚设计、艺术品和工艺品、美术、电影、音乐表演艺术等13个门类，它本质上就是为人们带去高层次、多元化和个性化的精神层面的体验。不管是在经济和社会领域，还是在文化领域，文化创意产业都充分展现了自身独特的潜能，为我国经济增长贡献了重要力量。文化创意产业能将我国的文化进行物化，从而展现我国的文化软实力；还可以将文化资源转化成资本，是将资源优势转变为资本优势的重要渠道；还能使人精神上的需求得到一定程度的满足，这对于培养民族精神、民族认同感等有着一定的积极作用。2015年的政府工作报告将“大众创业、万众创新”上升到了促进经济增长和转型的新高度。在这样的时代背景下，我国的多个领域都掀起了创业、创新的浪潮，文化创意产业也应该抓住这一机会，为我国的“创时代”贡献一份力量。

（一）“创时代”背景下我国文化创意产业所面临的机遇

1. 创业人数攀升，文化企业增多

政府不断出台一些鼓励创业的新政策，想要通过创新驱动创业，通过创业促进就业。2015年7月发布的《国务院关于积极推进“互联网+”行动的指导意见》指出，要充分利用国家自主创新示范区、科技企业孵化器、大学科技园、商贸企业集聚区、小微企业创业示范基地等现有条件，通过市场化方式构建一批创新与创业相结合、线上与线下相结合、孵化与投资相结合的众创空间，为创业者提供低成本、便利化、全要素的工作空间、网络空间、社交空间和资源共享空间。在创业环境的影响下，我国每天注册的公司多达1万家，也就是说平均每分钟就有7家公司注册。2021年的中国文化创意行业新增相关企业注册数量为11464家，营业收入为19565亿元。

2. 创意阶层壮大，创新氛围提升

在文化创意产业中，具有创造性的创新型人才是其发展的中流砥柱，创新力和创新性对该行业的繁荣发展具有重大影响。我国在“创时代”的背景下也掀起了第4次的创业潮。但是，这次的创业潮与之前的几次不同，主要是在创意与创

新方面进行比拼。所以，在这次的创业潮中，很多创意人才涌现了出来，使我国的创意阶层得到了发展。另外，创意追求差异性、多元化和地方特色的发展，主张去除同质化，因此需要很多不一样的创新型人才集聚在一起，共同打造富有开放性、多元性的创意空间，这样的空间更有利于激发出更多更好的创意。《国务院关于积极推进“互联网＋”行动的指导意见》中指出，要“以促进创业创新为重点，推动各类要素资源聚集、开放和共享，大力发展众创空间、开放式创新等，引导和推动全社会形成大众创业、万众创新的浓厚氛围，打造经济发展新引擎”。“创时代”中的鼓励创新等政策为创意人才营造了良好的创新氛围。

3．“互联网＋”助力，创新典范涌现

在网络飞速发展和“创时代”的背景下，很多网络人才都开始了创业，很多创业典范就是在这样的机会下诞生并迅速发展的。网络和创意思维的运用，使文化创意产业发展到了一个新高度，很多和互联网相关的文化产业也都看到了这一红利，纷纷加入其中。比如，网络技术的发展大大促进了动漫行业的发展与进步，这是因为互联网使动漫有了更加丰富的载体，人们可以通过电脑、手机等网络电子设备观看动漫；而且也降低了动漫创作的门槛，很多小制作、小成本的动漫也能和观众见面。另外，观众还可以通过网络进行沟通与交流，制作方也能根据观众的反馈进行改进，并把观众的想法和创意放到动漫作品中去。

（二）“创时代”背景下我国文化创意产业所面临的挑战

1．文化创意市场迎来大规模洗牌和重组

在“创时代”里，文化创意产业的门类越来越多，而且规模也在慢慢变大，一些原本是作为文化消费者角色的人也开始对文化进行发扬和创造，这就使得以前文创产品供给不足的情况有了明显的改善，甚至使供求关系发生了转变。在供大于求的情况下，人们在文化消费方面对多元化有了更高的要求。例如，消费者会要求新产品不仅要具有符号性，还应带来更好的体验感，简单来说就是要求新产品能够满足人们的精神需求。因此，我国对文化创意产业进行大型改组的局面将会出现。

2．法律规章需要进一步健全

在“创时代”里，创意人才在慢慢增多，创意阶层也开始壮大起来，这时就出现了一个新的问题——对创意人才的保护。目前，我国关于保护知识产权的法律法规还有待进一步健全，大众对知识产权的保护意识也还需要进一步提高。在数据互通的时代，我国对知识产权的保护即将迎来全新的挑战。另外，关于文化创意产业基地的一些规章制度也还需进行修订和完善。在这样的情况下，产业内部可能会出现很多问题。要想顺利解决这些问题，我国就必须针对这一产业制定和完善相关的法律法规，从宏观上整合、界定文化创意产业，为其更好、更健康的发展提供法律方面的保障。

3. 创意思路相对保守

文化创意产业具备创造性、科技性和增值性。在“创时代”的背景下，在传统文化中加入创意元素，能够对传统文化起到一定的传承和保护的作用，同时，这也有助于提升文化创意产业的人文价值。但是，现在我国文化创意产业的创意能力不足，创新性有待提高。事实上，很多产业都可能在文化的作用下呈现出人文价值，并使产业的文化内涵得到提升，进而提高自身的竞争力。但是，很多企业并没有对文化创意的功能予以重视，因此创意层面始终未能拓宽，也就难以突破缺乏创意和创新性的瓶颈。

（三）“创时代”背景下我国文化创意产业的发展路径

1. 拉动创业引擎，保护创意阶层

近年来，国家在文化创意产业方面的财政资金支持力度越来越大。文化创意产业应让这部分经费充分实现其价值，推动创业，扶持小型企业的发展，使产业的规模逐渐扩大，促进产业不断升级。此外，在“创时代”背景下，相关方要牢牢抓住这次的创业契机，使这些创业新生力量发挥自己的巨大能量，同时，还要重视对这些新生力量的企业家精神和创新意识的培养，促进文化创意产业的良性发展。在培养创意人才方面，中共中央在 2016 年印发了《关于深化人才发展体制机制改革的意见》，从多个方面提出了可行有效的手段和措施。所以，日后在培养人才时，各个相关部门的工作都要落实好，比如，高校、企业、培养基地三方都要发挥自身的功能与优势，积极达成校企合作，开辟一条产学研结合的人才培养之路。高校在对相关课程进行设置时，必须抓住文化创意产业的发展和规律，注重对具有国际视野的人才的培养，在高端人才的带领下，促进文化创意产业快速发展。另外，企业的管理层也要意识到文化带来的力量。比如，马云在管理阿里巴巴时就通过文化治企的方式使企业得以健康发展，阿里巴巴在创建初期就非常注重建设企业文化、塑造企业精神。同时，在人才保护方面，要使相关的法律法规真正落地，要与时俱进，及时对法律法规加以完善。同时，还要建立完善的相关网站，为相关的信息搜索、商品交易提供良好的平台。

2. 实现触网转身，促进创意集聚

互联网的发展、终端设备的多元以及网上购物的活跃，促使文化创意产业要想进行内容输出，就离不开网络平台。因此，文化创意产业要高度与网络技术融合，打造出以网络为基础的文化创意产业发展新形态。在创意的驱动下，大胆打破传统界限，进行创新性的结合，促进文化产业的发展，使文化产业的生产力得到大幅提升，并且展现出一定的创造力。比如 798 艺术区，其之所以能誉满全球，是因为创新性的改造，它在原有建筑遗产的基础上重新进行了设计和利用，把画廊、酒吧、餐饮等服务行业融入其中，使其形成了新的文化生产模式，不仅具有艺术性和商业性，还具有时尚感和传统性，使其成了物质和精神并存的创新性艺术区。除了建筑业，文化创意还能和农业、工业等多个行业进行融合，使我国的多种产业更具人文价值。另外，要想使文化创意产业得到更好的发展，早日实现专业化、规模化和集约化，就必须促进创意的集聚，加大力度推动产业园区的建设，以大规模企业为主体，大型项目为引导，坚持合作共赢的原则，培育出大规模、高效益，且具有一定竞争力的产业基地和园区，从而实现人才集聚、资本集聚，使产业内部的竞争力得到提升，为促进我国经济的发展提供强大动力。

3. 提升文化创意产业品质，促进供给侧改革

文化创意产业具有原生态性、草根性的特点，并非刚性需求，这就需要结合创新产品来激发消费需求，因此，文化消费需要通过创意和创新来带动。文化创意产业发展和供给侧改革有着极高的契合度。供给侧改革的重点是解放和发展生产力，用改革的办法推动产业结构调整，减少无效和低端的供给，增加供给结构对需求变化的适应性和灵活性，更好地满足人们的需求，进而促进经济社会的可持续发展。在“大众创业、万众创新”的背景下，我们应该结合文化创意的特点来推动其发展，利用供给侧改革对文化创意产业作出调整，在不断提升文化创意产业品质的同时结合文化的差异性、原创性和不可替代性等特点，铸造出民族品牌，增强国际影响力；增加创新元素，融入新的商业模式，用创意拉动消费。

参 考 文 献

[1] 陈凌云．博物馆文化创意产品开发研究 [M]．上海：上海社会科学院出版社，2019．

[2] 戴燕燕．文化创意视域下的产品设计方法论 [M]．南昌：江西美术出版社，2019．

[3] 潘立勇．审美与文化创意 [M]．南京：南京大学出版社，2018．

[4] 潘立勇．休闲与文化创意 [M]．南京：南京大学出版社，2019．

[5] 王玉珏．档案文化创意服务的理论与实践 [M]．武汉：武汉大学出版社，2017．

[6] 王兴全．上海文化创意产业园区政策发展史 [M]．上海：上海社会科学院出版社，2020．

[7] 赵朝峰．文化创意人才的“树形培养模式”研究 [M]．杭州：浙江工商大学出版社，2020．

[8] 孙玮志．文学与文化创意产业 [M]．北京：新华出版社，2019．

[9] 夏志良．文化创意背景下的隐宿产业开发研究 [M]．北京：中国轻工业出版社，2019．

[10] 曹玉华，毛广雄．大运河文化带节点城市文化创意产业空间演化研究 [M]．南京：东南大学出版社，2021．

[11] 何凤．基于深度旅游背景下茶文化创意产品设计开发的研究 [J]．艺术品鉴，2023（12）：71−74．

[12] 余兰亭，刘珊珊．荣昌夏布非物质文化遗产创意产品叙事性设计开发策略研究 [J]．文化产业，2023（9）：142−144．

[13] 张弘．地方综合性博物馆的文化创意产品设计开发 [J]．九江学院学报（社会科学版），2022，41（4）：96−100．

[14] 陈宏毅，吴红梅．唐卡艺术文化创意产品设计开发策略 [J]．收藏与投资，

2022，13（8）：135—137.
[15] 李燕茹．非物质文化遗产“醒狮”数字化设计课程的开发研究 [J]．工业设计，2022（4）：50—52.
[16] 问宇鹏，任越．档案文化创意产品设计与开发研究 [J]．档案天地，2022(3)：24—29.
[17] 陈欢．“区域赋能”：广西公共图书馆文化创意产品设计开发策略研究 [J]．参花（下），2022（2）：119—121.
[18] 芮渊菲，周威．面向新媒体时代的文化创意产品设计开发 [J]．工业设计，2022（1）：123—124.
[19] 张弘．传统图案与地域性文化创意产品设计开发的融合探析 [J]．棉纺织技术，2021，49（12）：96.
[20] 张世玉，张小慧．周秦时期青铜器艺术文化创意产品设计与开发研究 [J]．中华手工，2021（2）：14—15.
[21] 魏婷婷．“漠上敦煌”文化创意产品设计开发研究 [D]．郑州：郑州大学，2022.
[22] 花加敏．焦作市博物馆文化创意产品设计开发研究 [D]．西安：西安理工大学，2021.
[23] 鲁冠男．高校品牌文化创意产品设计开发 [D]．衡阳：南华大学，2020.
[24] 李浩．曲阜孔庙大成殿文化创意产品开发 [D]．济南：山东艺术学院，2021.
[25] 於蒙．鄂东农耕文化博物馆主题性文创产品设计 [D]．昆明：昆明理工大学，2021.
[26] 郭慧．沈航 70 周年校庆系列文创产品开发设计研究 [D]．沈阳：沈阳航空航天大学，2022.
[27] 郑冰树．广西档案文化创意产品开发研究 [D]．南宁：广西民族大学，2022.
[28] 郭晓．吕剧《姊妹易嫁》文创产品设计开发研究 [D]．济南：齐鲁工业大学，2021.
[29] 费佳琰．体验视域下望亭文创产品设计研究 [D]．苏州：苏州大学，2021.
[30] 刘龙靖．博物馆文化创意产品的开发设计研究 [D]．北京：北京建筑大学，2021.